国家出版基金项目
NATIONAL PUBLICATION FOUNDATION

法治中国建设的理论与实践探索丛书

法治中国建设与制度现代化研究

主　编◎江必新

人民法院出版社

图书在版编目（CIP）数据

法治中国建设与制度现代化研究 / 江必新主编. --
北京 : 人民法院出版社, 2024.12
（法治中国建设的理论与实践探索丛书）
ISBN 978-7-5109-4066-8

Ⅰ. ①法… Ⅱ. ①江… Ⅲ. ①社会主义法治－建设－研究－中国 Ⅳ. ①D920.0

中国国家版本馆CIP数据核字(2024)第031448号

法治中国建设与制度现代化研究
江必新　主编

责任编辑　杨佳瑞
封面设计　天平文创视觉设计
出版发行　人民法院出版社
地　　址　北京市东城区东交民巷27号（100745）
电　　话　（010）67550638（责任编辑）　67550558（发行部查询）
65223677（读者服务部）
客服QQ　2092078039
网　　址　http://www.courtbook.com.cn
E－mail　courtpress@sohu.com
印　　刷　天津嘉恒印务有限公司
经　　销　新华书店

开　　本　787毫米×1092毫米　1/16
字　　数　195千字
印　　张　12.25
版　　次　2024年12月第1版　2024年12月第1次印刷
书　　号　ISBN 978-7-5109-4066-8
定　　价　56.00元

《法治中国建设与制度现代化研究》

主　编　江必新

撰写人（以姓氏笔画为序）

马世媛　江必新　黄明慧

蒋清华　戢太雷

总 序

从1978年进入当时的西南政法学院（现为西南政法大学）开始，我便与法治和法学结下了不解之缘。在跟随恩师张警教授攻读法制史硕士学位期间，我对中西方法制史和法律思想史作了广泛的涉猎；1985年分配到最高人民法院研究室工作，开始对法理学和法治宣传学进行了一定程度的探究；1988年进入最高人民法院行政审判庭工作以后，我转入对行政法、行政诉讼法和国家赔偿法的研究；2001年挂职重庆市委政法委、2002年担任最高人民法院领导职务（其间在湖南省高级人民法院担任三年多院党组书记、院长）之后，随着分管工作的变化，我结合审判实践的需要，开始对刑事法学、民商事法学、环境资源法学、涉外法治、知识产权法学等进行了阶段性的深入研究。2018年担任全国人大常委会宪法和法律委员会副主任委员之后，我对立法学进行了较为深入的钻研。其间，为了改善行政诉讼和其他司法审判环境，不得不关注国家整体的法治建设。不难看出，我的研究在很大程度上属于业余的而非专业的；研究方向和重点在很大程度上因工作岗位的变动而转移；研究的轨迹是先历史，后基础理论，先部门法，后整体法治；研究的目的都是解决工作中面临的理论、实践问题和整体法治环境的改善问题。从党的十八大以后，我开始了对法治中国建设中的理论与实践问题的研究，2014年出版的包括《法治中国的制度逻辑与理性建构》在内的“十八大与法治国家建设丛书”是一个重要节点。到目前为止，先后发表法治中国建设方面的理论文章近两百篇（接近我所发表文章的半数），相关专著十余部。

数十年的法治研究和探讨，使我越来越深刻地意识到，法治不仅是个人自由和其他权利的重要保障、社会秩序和安全的必要条件，而且是民族振兴发达的重要基础、国家长治久安的根本保证。在我看来，对法治的定义不应从先验的抽象原则出发，而应当从其实际演变历程出发；不应从固定的模式或单一的理想类型出发，而应从丰富多彩的多种类型出发。人类的法治文明经历了“以法治国”“依法治国”和“法治国家”三个阶段或形态。“以法治国”阶段仅仅将法律作为治理工具，用不用、用多少取决于最高统治者的意志；“依法治国”阶段强调法在上、权在下，统治者必须依照法律治国理政；“法治国家”阶段不仅强调“法”的品质和质量，而且强调“治”的良善性。中国的法治文明同样经历了上述三个阶段。第一个阶段是漫长悠久的“以法治国”时代。早在春秋战国时期，“以法治国，则举措而已”（《管子·明法》）便由齐国宰相管仲提出。这一阶段的标志性成就是“律以正罪”的《唐律疏议》以及“典以范政”的《唐六典》。第二个阶段是锐意进取的“依法治国”时代。党的十一届三中全会提出“发展社会主义民主，健全社会主义法制”，并提出“有法可依、有法必依、执法必严、违法必究”的法制建设方针；党的十五大提出“依法治国，建设社会主义法治国家”，依法治国成为中国共产党领导人民治理国家的基本方略；1999 年我国《宪法》首次确立依法治国原则；2004 年《宪法》首次确立人权原则。第三个阶段是波澜壮阔的“法治中国”建设时代。2013 年 1 月，习近平总书记就做好新形势下政法工作作出重要指示，首次从官方的角度提出了建设法治中国的目标。随后，党的十八届三中全会、四中全会、十九大、二十大以及二十届三中全会多次重申该目标。党的十九大和 2021 年 1 月中共中央印发的《法治中国建设规划（2020—2025 年）》明确提出了法治中国建设的时间表和路线图，即要在 2025 年初步形成社会主义法治体系，2035 年基本建成法治中国，到本世纪中叶全面建成法治中国。党的二十大报告首次将“坚持全面依法治国，推进法治中国建设”作为专章部署。党的二十届三中全会提出，法治是中国式现代化的重要保障。全面推进国家各方面工作法治化。

古今中外的法治建设经验和教训证明：不是什么样的法都能治国，也不是什么样的法都能治好国；法治也有善恶优劣之别、高下逆顺之异。正因为如此，有必要本着理性的建构主义立场，能动地提出法治国家建设的目标，使法治的发展能给中华民族和整个人类带来福祉。同时，法治建设也是一场深刻的革命，是一个艰巨、复杂而长期的工程，不可能一蹴而就，需要久久为功。此外，法治自身也需要不断发展完善，需要在德（人本性、合正义性等）、智（科学化、智能化等）、体（体系化）、美（和谐性、可接受性等）、力（实施力、实现力、执行力、影响力等）、境（法治实施的环境等）诸方面得到不断的全面发展。

当前，我们正处在全面推进法治中国建设的新阶段，有必要从法治中国建设的目标定位、基本图景和推进路径三个层面，准确把握和深入理解我们正在从事的伟大事业。

首先，要明确法治中国建设的目标定位。我们党在历史上也先后提出过“发展社会主义民主、健全社会主义法制”“依法治国、建设社会主义法治国家”“全面依法治国、建设法治中国”等一系列概念。这些概念之间究竟是什么关系？为什么提出“法治中国”？要厘清这些问题，需要把握四点定位。其一，法治中国承继了人类法治文明成果。从《法治中国建设规划（2020—2025年）》来看，它包含了人类在漫长的法治建设过程中共同遵守的一些基本理念、价值、准则，例如宪法和法律至上、公平正义、法治平等、对公权力的监督与制约、尊重和保障人权、保证司法机关依法独立行使职权、良法善治等。其二，法治中国发展了依法治国理念。传统上讲，依法治国的核心理念是所谓“老十六字方针”，即有法可依、有法必依、执法必严、违法必究。但法治中国建设明确提出了“新十六字方针”，即科学立法、严格执法、公正司法、全民守法。这显然已远超依法治国的传统含义，其核心要求本质上是更加全面、实质的良法善治。其三，法治中国确立了全面依法治国的目标。以习近平同志为核心的党中央提出“四个全面”战略布局，包括全面建设社会主义现代化国家、全面深化改革、全面依法治国、全面从严治党。这一战略布局表明全面依法治国的目标是法治中国，全面依法治国是法治中国实现的过程和路径。其四，法治中国凸显了法治国家建设的本土特色。当今世界上，法治国家已有不少，每一个国家在法治建设进程中都有自己特有的理念、规则和道路，世界上没有两个法治国家是完全相同的。法治中国概念突出的正是我们要走中国特色社会主义法治道路，强调从中国的实际情况出发，解决中国问题，富有中国气象。

其次，需要明确法治中国建设的基本图景。建设图景所要回答的问题是：我们要建设的法治中国应当由哪些元素所构成。笔者以为，未来法治中国建设的图景至少包括以下四种层色：一是中国特色，这就是要坚持正确的政治方向，要走中国特色社会主义法治道路。中国特色所包括的主要内容是：坚持党的领导；坚持以人民为中心；坚持社会主义制度；坚持贯彻中国特色社会主义法治理论；坚持社会主义核心价值观；坚持从中国的实际出发，不照抄照搬别国的模式；坚持依法治国与以德治国相结合；坚持服务党和国家大局；等等。离开这八个坚持，法治中国建设就会失去“中国性”。二是法治底色，即要坚持人类关于法治的基本共识，坚持法治的基本理念、规则和价值。这些基本理念、规则和价值的主要内容包括：坚持宪法法律至上；坚持在全社会实现公平正义；坚持法治平等；坚持尊重和保障人权；坚持制约和监督公共权力；坚持保证司法机关依法独立行使职权；坚持公共权力机关法无授权不可为、法定职责必须为等部门法原则；坚持良法善治；等等。失去上述八个坚持，法治中国建设就会失去法治的基本性质。三是实践鲜色，即要根据中国和世界不断变化的形势和情况，确立新的理念，建构新的体制、制度和机制，从而保证法治中国建设的实践品质，增强法治中国建设的实践效能。四是时代亮色，即要根据时代的发展和人类文明的进步，充分运用全人类新的科学、技术、智识和经验，不断丰富法治中国建设的资源和内涵，从而永葆法治中国建设的先进性。

最后，需要明确法治中国的建设路径。一要明确法治中国建设的主要任务。我们认为，主要任务包括：建设中国特色社会主义法治体系是总抓手；确保宪法全面实施是首要任务；科学立法、严格执法、公正司法、全民守法是重点任务；在法治轨道上推进国家治理体系和治理能力现代化是核心任务；运用法治维护国家主权、安全和发展及核心利益是急迫任务；运用法治保障民族复兴伟业和现代化建设事业是常规任务。二要明确法治中国建设的推进方略。主要包括七个统筹：统筹依法治国与依规治党；统筹共同推进（依法治国、依法执政、依法行政共同推进）与一体建设（法治国家、法治政府、法治社会一体建设）；统筹国内法治与国际法治；统筹法治建设与法治改革；统筹法律制定与法律实施；统筹现实社会治理与网络社会治理；统筹法治体系和制度建设与法治文化建设；等等。三要明确法治中国建设的具体方式。主要包括以下五个结合：顶层设计、中间推动与基层创造相结合；问题导向、目标导向和效果导向相结合；条线治理（生态环境保护等）、区域治理（依法治县、依法治市、依法治省等）与基层治理（乡村、社区治理等）相结合；理论研究、理论指导与实践检验相结合；汲取中华优秀传统文化、弘扬红色法治文化、借鉴域外法治有益经验相结合；等等。四要明确法治中国建设的基本保障。主要包括政治、组织、队伍、思想、物质、科技等六大保障。

法治中国的全面建成，不仅需要一整套成熟定型的、好使管用的、能解决中国问题的、具有现代化性质的法律制度体系，而且需要各级领导干部老老实实抓法治、不折不扣践行法治、认认真真坚守法治，还需要全体社会成员切实尊法、学法、守法、用法。为了实现上述目标，笔者不揣浅陋，在习近平新时代中国特色社会主义思想尤其是习近平法治思想的指引下，在中央宣传部出版项目的资助下，在邵长茂、章志远、邓江源、乔宇、王琪璟、蒋清华、黄先雄、黄明慧、孙珺涛、戢太雷、曹梦娇等同志的友情帮助下，在人民法院出版社领导和编辑们的大力支持下，撰写和编著了这部法治中国建设理论与实践探索丛书。丛书共分12卷，包括《法治中国建设导论》《法律规范体系建设研究》《法治实施体系建设研究》《法治监督体系建设研究》《法治保障体系建设研究》《党内法规体系建设研究》《法治中国建设与党政合设合署》《法治中国建设与公私法融合治理》《法治中国建设与制度现代化研究》《法治中国建设与法治化建设研究》《社会主义法治国家建构原理研究》《法治中国建设重点工程研究》。笔者深知，人们对法治的认识和实践难以超出所处时代和地域的局限，同时法律制度不可能过于超前，否则也难以发挥规范作用和理想效能。正因为如此，这套丛书难免打上历史的烙印，难免具有诸多的局限性，尚有诸多的问题留待后人加以解决。不过笔者坚信，只要我们不忘法治建设的初心使命，坚韧不拔地朝着既定目标不断探索、勇毅前行，法治中国建设的夙愿和梦想，就一定能够实现！

江必新

2024年12月

目录

Contents

◉ 第一章 ◉

制度现代化的根本遵循

党的十八大以来，习近平总书记从坚持和发展中国特色社会主义的战略高度，紧密结合新的时代条件和治国理政的实践要求，把推进国家治理体系和治理能力现代化、推动中国特色社会主义制度更加成熟更加定型，确立为新时代治国安邦的重要任务，对制度建设作了一系列的论述，形成了系统的制度建设理论。系统梳理习近平总书记制度建设的重要论述，准确把握其主要观点、内在逻辑、精神实质和践行途径，对于我们坚持制度建设的正确方向，夯实中国之治的制度根基，推进国家治理体系和治理能力现代化，无疑具有重要意义。

一、夯实中国之治制度根基的必要性与重要性

习近平总书记深刻认识到推进国家制度和法律制度建设的长期性、艰巨性和复杂性，对夯实中国之治制度根基的必要性和重要性作了全面而深刻的阐述。

（一）制度关系党和国家事业发展的根本性、全局性、稳定性、长期性

2018 年 12 月 18 日，习近平在庆祝改革开放 40 周年大会上的讲话充分肯定了改革开放 40 年来在制度建设方面取得的历史性成就，指出："我们扭住完善和发展中国特色社会主义制度这个关键，为解放和发展社会生产力、解放和增强社会活力、永葆党和国家生机活力提供了有力保证，为保持社会大局稳定、保证人民安居乐业、保障国家安全提供了有力保证，为放手让一切劳动、知识、技术、管理、资本等要素的活力竞相迸发，让一切创造社会财富的源泉充分涌流不断建立了充满活力的体制机制"，① 并由此得出结论："改革开放四十年的实践启示我们：制度是关系党和国家事业发展的根本性、全局性、稳定性、长期性问题。"②

（二）国家长治久安必须有稳定的、成熟的、定型的制度支撑

习近平总书记引用古人、毛泽东、邓小平的话说明治国理政必须有一整套更加成熟、更加定型的制度。③ 习近平总书记强调："从世界历史角度看，经过长期剧烈的社会变革之后，一个政权要稳定下来，一个社会要稳定下来，必须加强制度建设，而形成比较完备的一套制度往往需要较长甚至很长的历史时期。我们说过，巩固和发展社会主义制度，还需要一个很长的历史阶段，需要我们几代人、十几代人，甚至几十代人坚持不懈地努力奋斗。"④ 继而，习近平总书记指出："今天，我们党处在这样的历史方位上，摆在我们面前的一项重大历史任务，就是推动中国特色社会主义制度更加成熟更加定型。可以这么说，从形成更加成熟更加定型的制度看，我国社会主义实践的前半程已经走过了，前半程我们的主要历史任务是建立社会主义基本制度，并在这个基础上进行改革，现在已经有了很好的基础。后半程，我们的主要历史任务是完善和发展中国特色社会主义制度，为党和国家事业发展、为人民幸福

---

① 习近平：《论中国共产党历史》，中央文献出版社 2021 年版，第 229 页。

② 习近平：《论中国共产党历史》，中央文献出版社 2021 年版，第 229 页。

③ 古人云："经国序民，正其制度。"意思说，治理国家，使人民安然有序，就要健全各项制度。早在 1949 年，毛泽东同志就说过："中共二十八年，再加二十九年、三十年两年，完成全国革命任务，这是铲地基，花了三十年。但是起房子，这个任务要几十年工夫。"1992 年，邓小平同志曾经指出："恐怕再有三十年的时间，我们才会在各方面形成一整套更加成熟、更加定型的制度。"

④ 习近平：《论坚持全面深化改革》，中央文献出版社 2018 年版，第 92 页。

安康、为社会和谐稳定、为国家长治久安提供一整套更完备、更稳定、更管用的制度体系。”[①] 党的十九大报告提出，从 2020 年到 21 世纪中叶分两个阶段来安排的战略部署，制度建设的目标是：到 2035 年，“各方面制度更加完善，国家治理体系和治理能力现代化基本实现”；到本世纪中叶，“实现国家治理体系和治理能力现代化”。党的二十大报告提出，到 2035 年，基本实现国家治理体系和治理能力现代化，全过程人民民主制度更加健全，基本建成法治国家、法治政府、法治社会；到本世纪中叶，把我国建设成为综合国力和国际影响力领先的社会主义现代化强国。

（三）加强党内法规制度建设是全面从严治党的长远之策、根本之策

习近平总书记指出：“要把党内存在的突出矛盾和问题解决好，要有效化解党面临的重大挑战和危险，很重要的一条就是要完善规范、健全制度，扎紧制度的笼子。”[②]

2016 年 12 月，习近平就加强党内法规制度建设作出重要指示：“党的十八大以来，党中央高度重视党内法规制度建设，推动这项工作取得重要进展和成效。加强党内法规制度建设是全面从严治党的长远之策、根本之策。我们党要履行好执政兴国的重大历史使命、赢得具有许多新的历史特点的伟大斗争胜利、实现党和国家的长治久安，必须坚持依法治国与制度治党、依规治党统筹推进、一体建设。”[③] “要把制度建设摆在党的建设的重要位置，以制度建设巩固思想建设、组织建设、作风建设、反腐倡廉建设成果。”[④]

（四）让人民过上幸福美好生活必须有高质量的制度保障

改革开放初期，邓小平同志深刻指出：“为了保障人民民主，必须加强法制。必须使民主制度化、法律化，使这种制度和法律不因领导人的改变而改变，不因领导人的看法和注意力的改变而改变。”[⑤] 习近平总书记说：“人民群

---

① 中共中央文献研究室编：《习近平关于社会主义政治建设论述摘编》，中央文献出版社 2017 年版，第 6~7 页。

② 中共中央党史和文献研究院编：《习近平关于全面从严治党论述摘编》，中央文献出版社 2021 年版，第 449 页。

③ 习近平：《论坚持全面依法治国》，中央文献出版社 2020 年版，第 169 页。

④ 中共中央纪律检查委员会、中共中央文献研究室编：《习近平关于严明党的纪律和规矩论述摘编》，中央文献出版社、中国方正出版社 2016 年版，第 127~128 页。

⑤ 邓小平：《邓小平文选》（第二卷），人民出版社 1994 年版，第 146~147 页。

众对立法的期盼，已经不是有没有，而是好不好、管用不管用、能不能解决实际问题；不是什么法都能治国，不是什么法都能治好国；越是强调法治，越是要提高立法质量。这些话是有道理的。我们要完善立法规划，突出立法重点，坚持立改废并举，提高立法科学化、民主化水平，提高法律的针对性、及时性、系统性。要完善立法工作机制和程序，扩大公众有序参与，充分听取各方面意见，使法律准确反映经济社会发展要求，更好协调利益关系，发挥立法的引领和推动作用。”①

（五）党要长期执政必须坚持制度治党

党要长期执政，必须坚定不移地反对腐败。而要做到彻底持久地反腐败，必须坚持用制度管权管事管人，抓紧形成不敢腐、不能腐、不想腐的有效机制，让人民监督权力，让权力在阳光下运行，把权力关进制度的笼子里。习近平总书记强调，要解决腐败问题，努力营造风清气正的党风政风和社会风气，除了要求领导干部提高尊法学法守法用法的自觉性和主动性以外，还要靠制度保证。党的十八届四中全会就此提出了一系列制度安排，包括建立法律顾问制度、设立公职律师，完善党政部门依法决策机制，建立行政机关内部重大决策合法性审查机制，建立重大决策终身责任追究制度及责任倒查机制，建立领导干部干预司法活动、插手具体案件处理的记录、通报和责任追究制度，建立法治建设成效考核制度，等等。这些制度要抓紧建立健全，早日形成，早日发挥作用。②

（六）国与国的竞争归根结底是国家制度的竞争

习近平总书记指出，当今世界正面临百年未有之大变局，国与国的竞争日益激烈，国际竞争归根结底是国家制度的竞争。中国发展呈现出“风景这边独好”的局面，这其中很重要的原因就是我国国家制度和法律制度具有显著优越性和强大生命力。这是我们坚定“四个自信”的一个基本依据。③

---

① 中共中央文献研究室编：《习近平关于全面依法治国论述摘编》，中央文献出版社 2015 年版，第 43~44 页。

② 习近平：《论坚持全面依法治国》，中央文献出版社 2020 年版，第 75~76 页、第 143 页。

③ 习近平：《论坚持全面依法治国》，中央文献出版社 2020 年版，第 265 页。

（七）任何制度只有与时俱进才具有生命力

古人讲，“法与时移”，“法与时转则治，治与世宜则有功”，“观时而制法，因事而制礼”。据此，习近平总书记强调，中国特色社会主义国家制度和法律制度需要坚持好、实施好，也需要不断完善和发展。例如，宪法作为上层建筑，一定要适应经济基础的变化。任何国家都不可能制定一部永远适用的宪法。我国宪法是治国理政的总章程，必须体现党和人民事业的历史进步，必须随着党领导人民建设中国特色社会主义实践的发展而不断完善发展。[①]再比如，中国特色社会主义民主是个新事物，也是个好事物。但这并不是说，中国政治制度就完美无缺了，就不需要完善和发展了。制度自信不是自视清高、自我满足，更不是裹足不前、固步自封，而是要把坚定制度自信和不断改革创新统一起来，在坚持根本政治制度、基本政治制度的基础上，不断推进制度体系完善和发展。我们的民主法治建设同扩大人民民主和经济社会发展的要求还不完全适应，在社会主义民主政治的体制、机制、程序、规范以及具体运行等方面还存在不完善的地方，在保障人民民主权利、发挥人民创造精神方面也还存在一些不足，必须继续加以完善。在全面深化改革进程中，我们要积极稳妥地推进政治体制改革，以保证人民当家作主为根本，以增强党和国家活力、调动人民积极性为目标，不断建设社会主义政治文明。[②]

我们要在坚持好、巩固好已经建立起来并经过实践检验的根本制度、基本制度、重要制度的前提下，坚持从我国国情出发，继续加强制度创新，加快建立健全国家治理急需的制度、满足人民日益增长的美好生活需要必备的制度。要及时总结实践中的好经验好做法，成熟的经验和做法可以上升为制度、转化为法律。经过长期努力，中国特色社会主义制度已经形成，这是我们取得的重大成就，也是我们继续前进的新起点。形势在发展，时代在前进，国家制度必须随着时代和实践发展而不断发展。[③]

（八）治理体系和治理能力现代化本质上是制度现代化

新中国成立 75 年来，我们党领导人民不断探索实践，逐步形成了中国特

---

① 习近平：《论坚持全面依法治国》，中央文献出版社 2020 年版，第 213 页。
② 习近平：《论坚持全面依法治国》，中央文献出版社 2020 年版，第 81 页。
③ 习近平：《论坚持全面依法治国》，中央文献出版社 2020 年版，第 73 页。

色社会主义国家制度和法律制度，为当代中国发展进步提供了根本保障，也为新时代推进国家制度和法律制度建设提供了重要经验。[①]党的十九届四中全会对坚持和完善中国特色社会主义制度、推进国家治理体系和治理能力现代化作出全面部署。坚持全面依法治国，是中国特色社会主义国家制度和国家治理体系的显著优势。中国特色社会主义实践向前推进一步，法治建设就要跟进一步。实践证明，通过宪法法律确认和巩固国家根本制度、基本制度、重要制度，并运用国家强制力保证实施，保障了国家治理体系的系统性、规范性、协调性、稳定性。[②]

（九）改革发展稳定必须有良好的制度环境

打好三大攻坚战，深化供给侧结构性改革、推动高质量发展，实现新旧发展动能转换，会带来一系列社会利益调整。P2P 网络借贷风险、企业信用违约等金融风险，也会引发一些新的矛盾。一方面，要依法化解各类风险和矛盾，做到处置依据和程序合法合规、处置结果可预期。另一方面，要尊重市场经济规律，通过市场化手段，在法治框架内调整各类市场主体的利益关系。据此，习近平总书记特别强调："要把工作重心放在完善制度环境上，健全法规制度、标准体系，加强社会信用体系建设，努力缓解结构调整造成的阵痛，减少利益调整带来的震荡，防止应该由市场主体承担的责任不合理地转嫁给政府或其他相关主体。"[③]

（十）解决现实中的诸多问题需要从体制和制度入手

习近平总书记曾经深刻指出："当前，司法领域存在的主要问题是，司法不公、司法公信力不高问题十分突出，一些司法人员作风不正、办案不廉，办金钱案、关系案、人情案，'吃了原告吃被告'等等。司法不公的深层次原因在于司法体制不完善、司法职权配置和权力运行机制不科学、人权司法保障制度不健全。"[④]习近平总书记还指出："从前些年和最近揭露出来的一些涉及领导干部的大案要案看，其犯罪情节之恶劣、涉案金额之巨大，都是触

① 习近平:《论坚持全面依法治国》，中央文献出版社 2020 年版，第 261~262 页。
② 习近平:《论坚持全面依法治国》，中央文献出版社 2020 年版，第 272 页。
③ 习近平:《论坚持全面依法治国》，中央文献出版社 2020 年版，第 255 页。
④ 习近平:《论坚持全面依法治国》，中央文献出版社 2020 年版，第 98 页。

目惊心的，搞权钱交易、权色交易简直到了利令智昏、胆大包天的地步！之所以会弄到这个地步，其中一个重要原因就是我们一些领域的体制机制还不健全。如何靠制度更有效地防治腐败，仍然是我们面临的一个重大课题。”[①]据此，习近平总书记强调，“只有建好制度、立好规矩，把法规制度建设贯穿到反腐倡廉各个领域、落实到制约和监督权力各个方面，发挥法规制度的激励约束作用，才能筑起遏制腐败现象滋生蔓延的‘堤坝’，才能推动形成不敢腐、不能腐、不想腐的有效机制。”[②]“善除害者察其本，善理疾者绝其源。”铲除不良作风和腐败现象滋生蔓延的土壤，根本上要靠法规制度。我们党长期执政，既具有巨大政治优势，也面临严峻挑战，必须依靠党的各级组织和人民的力量，不断加强和改进党的建设、管理、监督。只有建好制度、立好规矩，把法规制度建设贯穿到反腐倡廉各个领域、落实到制约和监督权力各个方面，发挥法规制度的激励约束作用，才能筑起遏制腐败现象滋生蔓延的“堤坝”，才能推动形成不敢腐、不能腐、不想腐的有效机制。

二、夯实中国之治制度根基的基本要求

中国之治到底需要什么样的制度根基，对此，习近平总书记提出了全面要求。

（一）把制度建设摆到更加突出的位置

2019 年 10 月，习近平在关于《中共中央关于坚持和完善中国特色社会主义制度 推进国家治理体系和治理能力现代化若干重大问题的决定》的说明中指出：“相比过去，新时代改革开放具有许多新的内涵和特点，其中很重要的一点就是制度建设分量更重，改革更多面对的是深层次体制机制问题，对改革顶层设计的要求更高，对改革的系统性、整体性、协同性要求更强，相应地建章立制、构建体系的任务更重。新时代谋划全面深化改革，必须以坚持

---

① 中共中央党史和文献研究院编：《习近平关于依规治党论述摘编》，中央文献出版社 2022 年版，第 3~4 页。

② 中共中央纪律检查委员会、中共中央文献研究室编：《习近平关于严明党的纪律和规矩论述摘编》，中央文献出版社、中国方正出版社 2016 年版，第 61 页。

和完善中国特色社会主义制度、推进国家治理体系和治理能力现代化为主轴，深刻把握我国发展要求和时代潮流，把制度建设和治理能力建设摆到更加突出的位置，继续深化各领域各方面体制机制改革，推动各方面制度更加成熟更加定型，推进国家治理体系和治理能力现代化。”①

（二）坚持正确的制度衡量标准

习近平总书记指出：“衡量一个社会制度是否科学、是否先进，主要看是否符合国情、是否有效管用、是否得到人民拥护。中国特色社会主义国家制度和法律制度是一套行得通、真管用、有效率的制度体系。”②一段时间以来，有的人认为我们的宪法不如外国宪法，甚至经常拿外国宪政模式来套我们自己的制度。习近平总书记指出：“这不符合我国历史和实际，也解决不了中国问题。实践是检验真理的唯一标准。经过长期努力，我们已经成功开辟、坚持、拓展了中国特色社会主义政治发展道路和中国特色社会主义法治道路。当代中国宪法制度已经并将更好展现国家根本法的力量、更好发挥国家根本法的作用。”③

评价一个国家政治制度是不是民主的、有效的，主要看国家领导层能否依法有序更替，全体人民能否依法管理国家事务和社会事务、管理经济和文化事业，人民群众能否畅通表达利益要求，社会各方面能否有效参与国家政治生活，国家决策能否实现科学化、民主化，各方面人才能否通过公平竞争进入国家领导和管理体系，执政党能否依照宪法法律规定实现对国家事务的领导，权力运用能否得到有效制约和监督。④政治制度是用来调节政治关系、建立政治秩序、推动国家发展、维护国家稳定的，不可能脱离特定社会政治条件来抽象评判，不可能千篇一律、归于一尊。在政治制度上，看到别的国家有而我们没有就简单认为有欠缺，要搬过来；或者，看到我们有而别的国家没有就简单认为是多余的，要去除掉。这两种观点都是简单化的、片面的，因而都是不正确的。⑤

---

① 《习近平关于〈中共中央关于坚持和完善中国特色社会主义制度 推进国家治理体系和治理能力现代化若干重大问题的决定〉的说明》，载《人民日报》2019 年 11 月 6 日第 4 版。

② 习近平：《论坚持全面依法治国》，中央文献出版社 2020 年版，第 265 页。

③ 习近平：《论坚持全面依法治国》，中央文献出版社 2020 年版，第 216 页。

④ 习近平：《论坚持全面依法治国》，中央文献出版社 2020 年版，第 79 页。

⑤ 习近平：《论坚持全面依法治国》，中央文献出版社 2020 年版，第 77~78 页。

一个国家实行什么样的司法制度，归根到底是由这个国家的国情决定的。评价一个国家的司法制度，关键看是否符合国情、能否解决本国实际问题。实践证明，我国司法制度总体上是适应我国国情和发展要求的，必须增强对中国特色社会主义司法制度的自信，增强政治定力。[①]

（三）坚持正确的政治方向

习近平指出："推进改革的目的是要不断推进我国社会主义制度自我完善和发展，赋予社会主义新的生机活力。这里面最核心的是坚持和改善党的领导、坚持和完善中国特色社会主义制度，偏离了这一条，那就南辕北辙了。"[②]以什么样的思路来谋划和推进中国社会主义民主政治建设，在国家政治生活中具有管根本、管全局、管长远的作用。古今中外，由于政治发展道路选择错误而导致社会动荡、国家分裂、人亡政息的例子比比皆是。中国是一个发展中大国，坚持正确的政治发展道路更是关系根本、关系全局的重大问题。[③]

全面推进依法治国，必须走对路。如果路走错了，南辕北辙了，那再提什么要求和举措也都没有意义了。我国法治建设的成就，大大小小可以列举出十几条、几十条，但归结起来就是开辟了中国特色社会主义法治道路这一条。《中共中央关于全面推进依法治国若干重大问题的决定》有一条贯穿全篇的红线，就是坚持和拓展中国特色社会主义法治道路。中国特色社会主义法治道路是一个管总的东西。[④]全面推进依法治国必须走对路。要从中国国情和实际出发，走适合自己的法治道路，决不能照搬别国模式和做法，决不能走西方"宪政""三权鼎立""司法独立"的路子。[⑤]

深化司法体制改革，首先要坚持正确政治方向。全面深化改革是为了党和人民事业更好发展，而不是为了迎合某些人的掌声和喝彩，更不能拿西方的理论、观点来套在自己身上，要坚持从我国国情出发，从经济社会发展实际要求出发。深化司法体制改革，是要更好坚持党的领导、更好发挥我国司

---

① 习近平：《论坚持全面依法治国》，中央文献出版社 2020 年版，第 59 页。

② 中共中央文献研究室编：《习近平关于全面深化改革论述摘编》，中央文献出版社 2014 年版，第 18 页。

③ 习近平：《论坚持全面依法治国》，中央文献出版社 2020 年版，第 77 页。

④ 习近平：《论坚持全面依法治国》，中央文献出版社 2020 年版，第 105 页。

⑤ 参见习近平：《论坚持全面依法治国》，中央文献出版社 2020 年版，第 229 页。

法制度的特色、更好促进社会公平正义。凡是符合这个方向、应该改又能够改的，就要坚决改；凡是不符合这个方向、不应该改的，就决不能改。简单临摹、机械移植，只会造成水土不服，甚至在根本问题上出现颠覆性错误。[①]坚持正确的政治方向，主要包括以下要求。

1. 要坚持中国共产党的领导

中国共产党的领导是中国特色社会主义最本质的特征，是社会主义法治最根本的保证。没有共产党，就没有新中国，就没有新中国的繁荣富强。坚持中国共产党这一坚强领导核心，是中华民族的命运所系。中国共产党的领导，就是支持和保证人民实现当家作主。党的领导也是夯实制度根基的根本保证。夯实制度根基的一个主要目的就是要加强和改善党的领导，健全党领导全面依法治国的制度和工作机制，推进党的领导制度化、法治化，通过法治保障党的路线方针政策有效实施。国际国内环境越是复杂，改革开放和社会主义现代化建设任务越是繁重，越要运用法治思维和法治手段巩固执政地位、改善执政方式、提高执政能力，保证党和国家长治久安。

坚持和完善中国特色社会主义制度，必须毫不动摇地坚持中国共产党的领导。我们必须坚持党总揽全局、协调各方的领导核心作用，通过人民代表大会制度，保证党的路线方针政策和决策部署在国家工作中得到全面贯彻和有效执行。要支持和保证国家政权机关依照宪法法律积极主动、独立负责、协调一致开展工作。要不断加强和改善党的领导，善于使党的主张通过法定程序成为国家意志，善于使党组织推荐的人选通过法定程序成为国家政权机关的领导人员，善于通过国家政权机关实施党对国家和社会的领导，善于运用民主集中制原则维护党和国家权威、维护全党全国团结统一。[②]我们要继续推进党的领导制度化、法治化，不断完善党的领导体制和工作机制，把党的领导贯彻到制度现代化建设的全过程和各方面。

2. 要坚持以人民为中心

习近平总书记在党的十九大报告中强调："人民群众反对什么、痛恨什

---

① 参见习近平：《论坚持全面依法治国》，中央文献出版社 2020 年版，第 60 页。

② 习近平：《论坚持全面依法治国》，中央文献出版社 2020 年版，第 71 页。

么，我们就要坚决防范和纠正什么。”[①] 古人说：“法非从天下，非从地出，发于人间，合乎人心而已。”“法不察民之情而立之，则不成。”马克思说：“只有当法律是人民意志的自觉表现，因而是同人民的意志一起产生并由人民的意志所创立的时候，才会有确实的把握。”[②]

党的根基在人民、力量在人民。我国社会主义制度保证了人民当家作主的主体地位，也保证了人民在全面推进依法治国中的主体地位。这是我们的制度优势，也是中国特色社会主义法治区别于资本主义法治的根本所在。

夯实制度根基最广泛、最深厚的基础是人民。宪法、法律和制度的根基在于人民发自内心的拥护，在于人民出自真诚的信仰。只有保证人民依法享有广泛的权利和自由，维护最广大人民根本利益，实现人民群众对美好生活的向往和追求，宪法、法律和制度才能深入人心，走入人民群众，才能真正成为全体人民的自觉行动。

人民当家作主是社会主义民主政治的本质和核心。人民民主是社会主义的生命。没有民主就没有社会主义，就没有社会主义的现代化，就没有中华民族伟大复兴。推进制度现代化的根本目的是依法保障人民民主和人民权益。夯实中国特色社会主义制度的制度根基，必须保证和发展人民当家作主。必须坚持国家一切权力属于人民，坚持人民主体地位，支持和保证人民通过人民代表大会行使国家权力。要发展更加广泛、更加充分、更加健全的全过程人民民主，最广泛地动员和组织人民在党的领导下，依照法律规定，管理国家事务，管理经济文化事业，管理社会事务。要扩大人民民主，健全民主制度，丰富民主形式，拓宽民主渠道，从各层次各领域扩大公民有序政治参与，发展更加广泛、更加充分、更加健全的人民民主。要健全人民当家作主的制度体系，要坚持党的领导、人民当家作主、依法治国有机统一，健全人民当家作主的制度体系。要把以人民为中心的发展思想贯穿立法、执法、司法、守法各个环节，加快完善体现权利公平、机会公平、规则公平的法律制度，保障公民人身权、财产权、人格权和基本政治权利不受侵犯，保障公民经济、

---

① 习近平：《决胜全面建成小康社会 夺取新时代中国特色社会主义伟大胜利——在中国共产党第十九次全国代表大会上的报告》，人民出版社 2017 年版，第 61 页。

② 《马克思恩格斯全集》（第一卷），人民出版社 1995 年版，第 349 页。

文化、社会等各方面权利得到落实，确保法律面前人人平等。①

必须坚持宪法和法律制度为了人民、依靠人民、造福人民、保护人民。宪法是人民的宪法，宪法修改要广察民情、广纳民意、广聚民智，充分体现人民的意志。②要把体现人民利益、反映人民愿望、维护人民权益、增进人民福祉落实到依法治国全过程，使法律及其实施充分体现人民意志。要积极回应人民群众新要求新期待，系统研究谋划和解决法治领域人民群众反映强烈的突出问题，不断增强人民群众获得感、幸福感、安全感，用法治保障人民安居乐业。

国家各项工作都要贯彻党的群众路线，密切同人民群众的联系，倾听人民呼声，回应人民期待，不断解决好人民最关心最直接最现实的利益问题，凝聚起最广大人民的智慧和力量。③现在，人民群众对美好生活的向往更多向民主、法治、公平、正义、安全、环境等方面延展。人民群众对执法乱作为、不作为以及司法不公的意见比较集中，这成为我们厉行法治的聚焦点和发力点。比如，一些黑恶势力长期进行聚众滋事、垄断经营、敲诈勒索、开设赌场等违法活动，老百姓敢怒不敢言。执法部门代表的是人民利益，决不能成为家族势力、黑恶势力的保护伞。④司法体制改革必须为了人民、依靠人民、造福人民。司法体制改革成效如何，说一千道一万，要由人民来评判，归根到底要看司法公信力是不是提高了。深化司法体制改革，要广泛听取人民群众意见，深入了解一线司法实际情况、了解人民群众到底在期待什么，把解决了多少问题、人民群众对问题解决的满意度作为评判改革成效的标准。⑤必须牢牢把握社会公平正义这一法治价值追求，努力让人民群众在每一项法律制度、每一个执法决定、每一宗司法案件中都感受到公平正义。要保障公民的人身权、财产权、人格权和基本政治权利等各项权利不受侵犯，保证公民的经济、文化、社会等各方面权利得到落实，保证公民在法律面前一律平等，切实尊重和保障人权。要努力让人民群众在每一个司法案件中感受到公平正

① 习近平:《论坚持全面依法治国》，中央文献出版社 2020 年版，第 218 页。
② 习近平:《论坚持全面依法治国》，中央文献出版社 2020 年版，第 188 页。
③ 习近平:《论坚持全面依法治国》，中央文献出版社 2020 年版，第 72 页。
④ 参见习近平:《论坚持全面依法治国》，中央文献出版社 2020 年版，第 224~225 页。
⑤ 习近平:《论坚持全面依法治国》，中央文献出版社 2020 年版，第 147 页。

义，决不能让不公正的审判伤害人民群众感情、损害人民群众权益。[①]

3. 坚持把政治规矩挺在前面

习近平总书记指出："全面从严治党，既需要全方位用劲，也需要重点发力。加强和规范党内政治生活、加强党内监督就是重点发力的抓手。"[②] 习近平指出："严明党的纪律，首要的就是严明政治纪律。党的纪律是多方面的，但政治纪律是最重要、最根本、最关键的纪律，遵守党的政治纪律是遵守党的全部纪律的重要基础"，[③] 要明确和发扬以实事求是、理论联系实际、密切联系群众、批评和自我批评、民主集中制、严明党的纪律等为主要内容的党内政治生活基本规范，"对政治纪律和政治规矩，要十分明确地强调、十分坚定地执行，不要语焉不详、闪烁其词"。[④]

（四）统筹推进依法治国与依规治党

习近平指出："我们党要履行好执政兴国的重大历史使命、赢得具有许多新的历史特点的伟大斗争胜利、实现党和国家的长治久安，必须坚持依法治国与制度治党、依规治党统筹推进、一体建设。"[⑤] 将统筹推进依法治国和依规治党一体建设作为实现党的历史任务、实现党和国家长治久安的重要保证，这是党深刻总结历史经验得出的重要结论。[⑥] 习近平指出："坚持党的领导，不是一句空的口号，必须具体体现在党领导立法、保证执法、支持司法、带头守法上。"[⑦] 习近平强调："全面推进依法治国，必须努力形成国家法律法规和党内法规制度相辅相成、相互促进、相互保障的格局。"[⑧]《中央党内法规制定工作五年规划纲要（2013—2017）》将"宪法为上、党章为本"确定为党内

① 参见习近平：《论坚持全面依法治国》，中央文献出版社 2020 年版，第 204~205 页。

② 习近平：《在党的十八届六中全会第二次全体会议上的讲话（节选）》，载《求是》2017 年第 1 期。

③ 中共中央党史和文献研究院编：《十八大以来重要文献选编（上册）》，中央文献出版社 2014 年版，第 131~132 页。

④ 中共中央纪律检查委员会、中共中央文献研究室编：《习近平关于严明党的纪律和规矩论述摘编》，中央文献出版社、中国方正出版社 2016 年版，第 85 页。

⑤ 习近平：《论坚持全面依法治国》，中央文献出版社 2020 年版，第 169 页。

⑥ 邓小平在党的十一届三中全会上指出："国要有国法，党要有党规党法。党章是最根本的党规党法。没有党规党法，国法就很难保障。"邓小平：《邓小平文选》（第二卷），人民出版社 1983 年版，第 147 页。

⑦ 习近平：《加快建设社会主义法治国家》，载《求是》2015 年第 1 期。

⑧《中共中央关于全面推进依法治国若干重大问题的决定》，人民出版社 2014 年版，第 53 页。

法规制定工作必须遵循的基本原则之一，要求党内法规制定工作“以宪法为遵循，保证党内法规体现宪法和法律的精神和要求，保证党内法规制度体系与中国特色社会主义法律体系内在统一”。[①] 要“紧紧围绕提高科学执政、民主执政、依法执政水平深化党的建设制度改革，加强民主集中制建设，完善党的领导体制和执政方式”。[②]“规范党的领导和执政活动，为党发挥总揽全局、协调各方领导核心作用提供制度保证。”[③]

（五）要坚持制度正义和基本价值

正义是制度的首要价值，也是人类所追求的基本价值。习近平总书记指出，公平正义是我们党所追求的一个极为崇高的价值，“必须牢牢把握社会公平正义这一法治价值追求，努力让人民群众在每一项法律制度、每一个执法决定、每一宗司法案件中都感受到公平正义。”[④] 习近平总书记强调，要把道德要求贯彻到法治建设中。以法治承载道德理念，道德才有可靠制度支撑。法律法规要树立鲜明道德导向，弘扬美德义行，立法、执法、司法都要体现社会主义道德要求，都要把社会主义核心价值观贯穿其中，使社会主义法治成为良法善治。要把实践中广泛认同、较为成熟、操作性强的道德要求及时上升为法律规范，引导全社会崇德向善。要坚持严格执法，弘扬真善美、打击假恶丑。要坚持公正司法，发挥司法断案惩恶扬善功能。要运用法治手段解决道德领域的突出问题。法律是底线的道德，也是道德的保障。要加强相关立法工作，明确对失德行为的惩戒措施。要依法加强对群众反映强烈的失德行为的整治。对突出的诚信缺失问题，既要抓紧建立覆盖全社会的征信系统，又要完善守法诚信褒奖机制和违法失信惩戒机制，使人不敢失信、不能失信。对见利忘义、制假售假的违法行为，要加大执法力度，让败德违法者受到惩治、付出代价。[⑤]

习近平总书记还特别指出，由于多种因素影响，司法活动中也存在一些

① 《中央党内法规制定工作五年规划纲要（2013—2017 年）》，人民出版社 2013 年版，第 4 页。

② 《中国共产党十八届中央委员会第三次全体会议公报》，人民出版社 2013 年版，第 22 页。

③ 中共中央办公厅法规局：《以改革创新精神加快补齐党建方面的法规制度短板》，载《求是》2017 年第 3 期。

④ 习近平：《论坚持全面依法治国》，中央文献出版社 2020 年版，第 229 页。

⑤ 参见习近平：《论坚持全面依法治国》，中央文献出版社 2020 年版，第 166~167 页。

司法不公、冤错案件、司法腐败以及金钱案、权力案、人情案等问题。这些问题如果不抓紧解决，就会严重影响全面依法治国进程，严重影响社会公平正义。公正司法事关人民切身利益，事关社会公平正义，事关全面推进依法治国。要坚定不移深化司法体制改革，不断促进社会公平正义。①要紧紧牵住司法责任制这个“牛鼻子”；把对司法权的法律监督、社会监督、舆论监督等落实到位，保证法官、检察官做到“以至公无私之心，行正大光明之事”，把司法权关进制度的笼子，让公平正义的阳光照进人民心田，让老百姓看到实实在在的改革成效。②

（六）要体现和反映客观规律

任何制度如果违背客观规律，不仅难于贯彻实施、难于实现制度的目的，而且会起反作用、得不偿失。因此，制度建设必须遵循客观规律。习近平总书记多次强调，进行修宪、立法，改革建制，必须遵循客观规律。他强调：“宪法修改，既要顺应党和人民事业发展要求，又要遵循宪法法律发展规律。”③在司法体制和机制改革过程中，习近平总书记反复强调：“司法活动具有特殊的性质和规律，司法权是对案件事实和法律的判断权和裁决权，要求司法人员具有相应的实践经历和社会阅历，具有良好的法律专业素养和司法职业操守。”④要坚持司法体制改革的正确政治方向，坚持以提高司法公信力为根本尺度，坚持符合国情和遵循司法规律相结合，坚持问题导向、勇于攻坚克难，坚定信心，凝聚共识，锐意进取，破解难题，坚定不移深化司法体制改革，不断促进社会公平正义。“完善司法制度、深化司法体制改革，要遵循司法活动的客观规律，体现权责统一、权力制约、公开公正、尊重程序的要求。”⑤

（七）要以高质量的制度推进高质量发展

习近平总书记强调指出：“发展要高质量，立法也要高质量。要以立法高质量发展保障和促进经济持续健康发展。”比如，吸引和利用外资方面的立法，大多是改革开放初期制定的，发挥了重要作用，但难以适应新时代构建

---

① 习近平：《论坚持全面依法治国》，中央文献出版社 2020 年版，第 146 页。
② 习近平：《论坚持全面依法治国》，中央文献出版社 2020 年版，第 147~148 页。
③ 习近平：《论坚持全面依法治国》，中央文献出版社 2020 年版，第 188 页。
④ 习近平：《论坚持全面依法治国》，中央文献出版社 2020 年版，第 61 页。
⑤ 习近平：《论坚持全面依法治国》，中央文献出版社 2020 年版，第 148 页。

开放型经济新体制的需要，亟待制定统一的外资基础性法律。一些改革开放先行先试地区，如海南自由贸易试验区和自由贸易港建设、雄安新区建设等相关立法授权工作，要及早作出安排。知识产权保护、生物安全、土地制度改革、生态文明建设等方面的立法项目要统筹考虑，立改废释并举。

有些部门和地方反映，立法工作和改革发展不同步，慢半拍甚至拖后腿问题比较突出。其中一个主要原因是，相关部门形不成一致意见，就不能审议、没法通过。对此，习近平总书记一针见血地指出："意见不一致有认识问题，但更多是守着自己的'一亩三分地'、抱着部门利益不放。这种状况必须改变。今后，有不同意见，下面协调不下来的，可以拿到会上讨论。立法既要广泛发扬民主，又要敢于在矛盾焦点问题上'切一刀'，不能因个别意见不一致导致立法项目久拖不决。委员会各协调小组、中央依法治国办和有关部门要勇于担当，协调解决立法分歧和突出问题，重大问题及时报告委员会。"①

（八）要注意抓住制度建设的关键和重点

制度建设的关键和重点是对公共权力的制约和监督。2013 年 1 月 22 日，习近平在十八届中央纪委二次全会上的讲话中强调："要加强对权力运行的制约和监督，把权力关进制度的笼子里，形成不敢腐的惩戒机制、不能腐的防范机制、不易腐的保障机制。"② 2015 年 3 月 5 日，习近平在参加十二届全国人大三次会议上海代表团审议时强调，全面从严治党，是我们党在新形势下进行具有许多新的历史特点的伟大斗争的根本保证。关键是要抓住领导干部这个"关键少数"，坚持思想建党和制度治党紧密结合。"要建立健全相关制度，用制度管权管事管人。要突出重点，重在管用有效，全方位扎紧制度笼子，更多用制度治党、管权、治吏。"③ 习近平总书记指出："反腐倡廉法规制度建设，关键是制约和监督权力。腐败的本质是权力出轨、越轨，许多腐败问题都与权力配置不科学、使用不规范、监督不到位有关。反腐倡廉法规制度建设要围绕授权、用权、制权等环节，合理确定权力归属，划清权力边界，

---

① 习近平：《论坚持全面依法治国》，中央文献出版社 2020 年版，第 254 页。

② 中共中央党史和文献研究院编：《十八大以来重要文献选编》（上），中央文献出版社 2014 年版，第 136 页。

③ 中共中央党史和文献研究院编：《习近平关于全面从严治党论述摘编》（2021 年版），中央文献出版社 2021 年版，第 440 页。

厘清权力清单，明确什么权能用、什么权不能用，强化权力流程控制，压缩自由裁量空间，杜绝各种暗箱操作，把权力运行置于党组织和人民群众监督之下，最大限度减少权力寻租的空间。”[①] 同时，要尽可能地促使各级组织的“一把手”正确地使用手中的权力，帮助他们增强正确用权的意识，将“一把手”权力失控的风险降至最低，“必须用刚性制度把一把手管住，保证一把手正确用权、廉洁用权”。[②]

习近平总书记还特别强调对监督权的监督。党的十八大以来，他多次谈到“谁来监督纪委”、防止“灯下黑”、监督者要接受监督的问题。他强调：“纪检监察机关要马克思主义手电筒既照别人更照自己，不能只照他人、不照自己。在这里，我要再次提醒，纪检监察机关不是天然的保险箱，监察权是把双刃剑，也要关进制度的笼子，自觉接受党和人民监督，行使权力必须十分谨慎，严格依纪依法。‘善禁者，先禁其身而后人；不善禁者，先禁人而后身。’纪检监察干部处在正风肃纪反腐第一线，时刻面临着腐蚀和反腐蚀的考验，很容易被‘围猎’。要求其他国家机关和公职人员做到的，纪检监察机关和纪检监察干部必须首先做到，坚决不能滥用职权、以权谋私，特别是不能搞选择性监督、随意执纪调查、任性问责处置。”[③]

（九）要注意要素齐全、配套衔接

一个完整的制度，必须有明确的权利义务、职权职责以及相应的制度后果规定，否则难以收到理想的制度效果。习近平总书记指出：“反腐倡廉法规制度建设必须做到要素齐全，既有激励性，又有惩戒性，使遵守者得到表彰奖励，违反者受到严厉惩处。有些法规制度为什么执行不了、落实不下去？就是因为责任不明确、奖惩不严格，违反了法规制度怎么惩罚无章可循。要明确责任主体，确保可执行、可监督、可检查、可问责。”[④] 2013 年 6 月 18 日，习近平在党的群众路线教育实践活动工作会议上的讲话中指出：“不管建立和完善什么制度，都要本着于法周延、于事简便的原

---

① 习近平：《论坚持全面依法治国》，中央文献出版社 2020 年版，第 151~152 页。

② 中共中央纪律检查委员会、中共中央文献研究室编：《习近平关于严明党的纪律和规矩论述摘编》，中央文献出版社、中国方正出版社 2016 年版，第 100 页。

③ 习近平：《论坚持全面依法治国》，中央文献出版社 2020 年版，第 244 页。

④ 习近平：《论坚持全面依法治国》，中央文献出版社 2020 年版，第 153 页。

则，注重实体性规范和保障性规范的结合和配套，确保针对性、操作性、指导性强。”[①]2014年10月8日，习近平在党的群众路线教育实践活动总结大会上再次强调：“牛栏关猫是不行的！要搞好配套衔接，做到彼此呼应，增强整体功能。”[②]他在第十八届中央纪律检查委员会第六次全体会议上进一步指出：“要围绕责任设计制度，围绕制度构建体系，强化上级党组织对下级党组织和党员、领导干部的监督，做到责任清晰、主体明确、制度管用。”[③]“既要注意体现党章的基本原则和精神，符合国家法律法规，也要同其他方面法规制度相衔接，使实体性法规制度和程序性法规制度、综合性规定和专门性规定、下位法规制度和上位法规制度相互协调、相辅相成，提升法规制度整体效应。”[④]习近平法治思想指导下颁布的《中共中央关于加强党内法规制度建设的意见》关于体系设计方面的基本要求是：“将完善的党内法规制度体系概括为‘1+4’的基本框架，即在党章之下分为党的组织法规制度、党的领导法规制度、党的自身建设法规制度、党的监督保障法规制度四大板块，勾勒出了依规治党的‘四梁八柱’。”[⑤]

（十）要务实管用、简便易行

设定和制定制度是为了规范约束人的行为的，不是为了好看和装潢门面的。习近平总书记指出：“这些年来，从中央到地方搞了不少制度性规范，但有的过于原则、缺乏具体的量化标准，形同摆设。”[⑥]因此，习近平总书记多次强调“制度要务实管用、简便易行”。“制度不在多，而在于精，在于务实管用，突出针对性和指导性。如果空洞乏力，起不到应有的作用，再多的制度

① 中共中央文献研究室等编：《习近平关于党的群众路线教育实践活动论述摘编》，党建读物出版社、中央文献出版社2014年版，第66页。

② 习近平：《在党的群众路线教育实践活动总结大会上的讲话》，载《人民日报》2014年10月9日第2版。

③ 习近平：《论坚持全面深化改革》，中央文献出版社2018年版，第232页。

④ 中共中央纪律检查委员会、中共中央文献研究室编：《习近平关于严明党的纪律和规矩论述摘编》，中央文献出版社、中国方正出版社2016年版，第63页。

⑤ 《以改革创新精神加快补齐党建方面的法规制度短板》，载《求是》2017年第3期。

⑥ 中共中央纪律检查委员会、中共中央文献研究室编：《习近平关于严明党的纪律和规矩论述摘编》，中央文献出版社、中国方正出版社2016年版，第55页。

也会流于形式。”[①] 他举例强调：“刘邦进军关中，‘约法三章’就管住了部属、赢得了民心。红军‘三大纪律八项注意’通俗易懂、便于执行。法规制度不在多，而在精；不在形式花哨，而在务实管用；不在内容繁杂，而在简便易行。”[②]

三、建构和完善制度的基本任务

2012 年 11 月 17 日，习近平在十八届中央政治局第一次集体学习时指明了制度建设的基本任务：“党的十八大强调，要把制度建设摆在突出位置，充分发挥我国社会主义政治制度优越性。我们要坚持以实践基础上的理论创新推动制度创新，坚持和完善现有制度，从实际出发，及时制定一些新的制度，构建系统完备、科学规范、运行有效的制度体系，使各方面制度更加成熟更加定型，为夺取中国特色社会主义新胜利提供更加有效的制度保障。”[③] 2013 年 11 月 12 日，习近平总书记在党的十八届三中全会第二次全体会议上的讲话中指出：“推进国家治理体系和治理能力现代化，就是要适应时代变化，既改革不适应实践发展要求的体制机制、法律法规，又不断构建新的体制机制、法律法规，使各方面制度更加科学、更加完善，实现党、国家、社会各项事务治理制度化、规范化、程序化。”[④]2014 年 2 月 17 日，习近平在省部级主要领导干部学习贯彻党的十八届三中全会精神全面深化改革专题研讨班开班式上强调：“今天，摆在我们面前的一项重大历史任务，就是推动中国特色社会主义制度更加成熟更加定型，为党和国家事业发展、为人民幸福安康、为社会和谐稳定、为国家长治久安提供一整套更完备、更稳定、更管用的制度体系。这项工程极为宏大，必须是全面的系统的改革和改进，是各领域改革和改进的联动和集成，在国家治理体系和治理能力现代化上形成总体效应、取

---

① 中共中央纪律检查委员会、中共中央文献研究室编：《习近平关于严明党的纪律和规矩论述摘编》，中央文献出版社、中国方正出版社 2016 年版，第 64 页。

② 习近平：《论坚持全面依法治国》，中央文献出版社 2020 年版，第 153 页。

③ 习近平：《习近平谈治国理政》（第一卷），外文出版社 2018 年版，第 10 页。

④ 习近平：《论坚持全面深化改革》，中央文献出版社 2018 年版，第 47 页。

得总体效果。”[①] 习近平总书记对新时代制度建设的总的任务进行了顶层设计：要“着力固根基、扬优势、补短板、强弱项，推动各方面制度更加成熟、更加定型，逐步实现国家治理制度化、程序化、规范化、法治化”。[②] 为了实现上述目标，需要从以下几个方面发力。

（一）坚持被实践检验是正确的制度

党的十八大以来，习近平总书记在不同场合、从不同角度，对坚持和完善中国特色社会主义制度提出了诸多方面的要求。例如，在保障人民当家作主方面，习近平总书记要求：“要坚持和完善人民当家作主制度体系，健全社会公平正义法治保障制度，保证人民在党的领导下通过各种途径和形式依法管理国家事务、管理经济和文化事业、管理社会事务，使法律及其实施有效体现人民意志、保障人民权益、激发人民创造力。”[③] 在坚持和完善中国特色社会主义法治体系方面，习近平总书记要求：“要坚持依法治国、依法执政、依法行政共同推进，坚持法治国家、法治政府、法治社会一体建设，不断完善法律规范、法治实施、法治监督、法治保障和党内法规体系，汲取中华传统法律文化精华，吸收借鉴人类法治文明有益成果，坚决抵制西方错误思潮错误观点影响，加快建设中国特色社会主义法治体系。”[④] 在保证宪法实施方面，习近平总书记要求：“要在党中央领导下，加快形成完备的法律规范体系、高效的法治实施体系、严密的法治监督体系、有力的法治保障体系，形成完善的党内法规体系，用科学有效、系统完备的制度体系保证宪法实施。”[⑤] 要“加强和改进立法工作，继续完善以宪法为核心的中国特色社会主义法律体系，以良法促进发展、保障善治、维护人民民主权利，保证宪法确立的制度、原则和规则得到全面实施。国务院、中央军委、最高人民法院、最高人民检察院和有地方立法权的地方人大及其常委会，要依法及时制定和修改同法律或

① 习近平：《完善和发展中国特色社会主义制度 推进国家治理体系和治理能力现代化》，载《人民日报》2014 年 2 月 18 日第 1 版。

② 习近平：《论坚持全面依法治国》，中央文献出版社 2020 年版，第 274 页。

③ 习近平：《推进全面依法治国，发挥法治在国家治理体系和治理能力现代化中的积极作用》，载《求是》2020 年第 22 期。

④ 习近平：《推进全面依法治国，发挥法治在国家治理体系和治理能力现代化中的积极作用》，载《求是》2020 年第 22 期。

⑤ 习近平：《论坚持全面依法治国》，中央文献出版社 2020 年版，第 201 页。

者上位法规定相配套相衔接的行政法规、军事法规、司法解释、地方性法规和各类规范性文件，保证宪法在本系统本地区得到有效实施。”①

人民代表大会制度是我国的根本政治制度。邓小平同志曾经说过：“我们实行的就是全国人民代表大会一院制，这最符合中国实际。如果政策正确，方向正确，这种体制益处很大，很有助于国家的兴旺发达，避免很多牵扯。”江泽民同志强调：人民代表大会制度“是我们党长期进行人民政权建设的经验总结，也是我们党对国家事务实施领导的一大特色和优势”。胡锦涛同志也指出：“人民代表大会制度是中国人民当家作主的重要途径和最高实现形式，是中国社会主义政治文明的重要制度载体。”②习近平总书记指出，在中国实行人民代表大会制度，是中国人民在人类政治制度史上的伟大创造，是深刻总结近代以后中国政治生活惨痛教训得出的基本结论，是中国社会100多年激越变革、激荡发展的历史结果，是中国人民翻身作主、掌握自己命运的必然选择。特别是改革开放30多年来，人民代表大会制度不断得到巩固和发展，展现出蓬勃生机活力。实践充分证明，人民代表大会制度是符合中国国情和实际、体现社会主义国家性质、保障人民当家作主、保障实现中华民族伟大复兴的好制度。③

（二）加快建立健全国家治理急需、满足人民日益增长的美好生活需要必备的法律制度，填补新领域、新业态的制度空白

习近平指出：“我们要在坚持好、完善好已经建立起来并经过实践检验有效的根本制度、基本制度、重要制度的前提下，聚焦法律制度的空白点和冲突点，统筹谋划和整体推进立改废释各项工作，加快建立健全国家治理急需、满足人民日益增长的美好生活需要必备的法律制度。”④

在填补新领域、新业态的制度空白方面，习近平总书记提出，要抓紧制定立法规划，完善互联网信息内容管理、关键信息基础设施保护等法律法规，

---

① 习近平：《论坚持全面依法治国》，中央文献出版社2020年版，第202~203页。

② 习近平：《在庆祝全国人民代表大会成立60周年大会上的讲话》，人民出版社2014年版，第5页。

③ 参见习近平：《论坚持全面依法治国》，中央文献出版社2020年版，第69~70页。

④ 习近平：《论坚持全面依法治国》，中央文献出版社2020年版，第275页。

依法治理网络空间，维护公民合法权益；[①]要积极推进国家安全、科技创新、公共卫生、生物安全、生态文明、防范风险、涉外法治等重要领域立法，健全国家治理急需的法律制度、满足人民日益增长的美好生活需要必备的法律制度，以良法善治保障新业态新模式健康发展；[②]要完善预防性法律制度，坚持和发展新时代“枫桥经验”，促进社会和谐稳定。[③]

习近平总书记特别重视互联网领域的立法，他在2018年4月20日全国网络安全和信息化工作会议上的讲话中指出：“这几年，我们坚持依法治网，加快网络立法进程，出台了一批法律法规，网络空间法治化持续推进，但同网络空间快速发展新形势相比，互联网领域立法仍有很多空白，依法治网水平仍有待提高，广大网民尊法守法意识有待增强。要把依法治网作为基础性手段，继续加快制定完善互联网领域法律法规，推动依法管网、依法办网、依法上网，确保互联网在法治轨道上健康运行。”[④]

针对西方国家打着“法治”幌子的霸权行径，习近平总书记强调：“要加强反制理论和实践研究，建立阻断机制，以法律的形式明确我国不接受任何国家的‘长臂管辖’。要加快推进我国法域外适用的法律体系建设，为我国涉外执法、司法活动提供法律依据。”[⑤]

在《民法典》颁布之后，习近平总书记强调要加强民事立法相关工作，指出《民法典》颁布实施，并不意味着一劳永逸地解决了民事法治建设的所有问题，仍然有许多问题需要在实践中检验、探索，还需要不断配套、补充、细化。有关国家机关要适应改革开放和社会主义现代化建设要求，加强同《民法典》相关联、相配套的法律法规制度建设，不断总结实践经验，修改完善相关法律法规和司法解释。对同《民法典》规定和原则不一致的国家有关规定，要抓紧清理，该修改的修改，该废止的废止。要发挥法律解释的作用，及时明确法律规定含义和适用法律依据，保持《民法典》稳定性和适应性相统一。随着经济社会不断发展、经济社会生活中各种利益关系不断变化，《民

① 习近平：《论坚持全面依法治国》，中央文献出版社2020年版，第63页。
② 习近平：《论坚持全面依法治国》，中央文献出版社2020年版，第4页。
③ 习近平：《论坚持全面依法治国》，中央文献出版社2020年版，第4页。
④ 习近平：《论坚持全面依法治国》，中央文献出版社2020年版，第65~66页。
⑤ 习近平：《论坚持全面依法治国》，中央文献出版社2020年版，第257页。

法典》在实施过程中必然会遇到一些新情况新问题。这次疫情防控的实践表明，新技术、新产业、新业态和人们新的工作方式、交往方式、生活方式不断涌现，也给民事立法提出了新课题。要坚持问题导向，适应技术发展进步新需要，在新的实践基础上推动《民法典》不断完善和发展。①

（三）改革某些不合理的制度

习近平总书记强调："对已有相关制度进行梳理，经实践检验行之有效、群众认可的，要予以重申，继续坚持、抓好落实，严肃纪律，形成刚性约束；不适应新形势新任务要求的，该修改完善的就修改完善，该废止的就废止，该制定新的就制定新的。"② 习近平总书记特别关注司法领域的制度完善，指出："司法体制是政治体制的重要组成部分。这些年来，群众对司法不公的意见比较集中，司法公信力不足很大程度上与司法体制和工作机制不合理有关。"③ 在党的十八届四中全会上，习近平总书记代表党中央提出了一系列司法改革新举措，包括改革司法管理体制，推动省级以下地方法院、检察院人财物统一管理，探索建立与行政区划适当分离的司法管辖制度；健全司法权力运行机制，完善主审法官、合议庭办案责任制，让审理者裁判、由裁判者负责；严格规范减刑、假释、保外就医程序；健全错案防止、纠正、责任追究机制，严格实行非法证据排除规则；建立涉法涉诉信访依法终结制度；废止劳动教养制度，完善对违法犯罪行为的惩治和矫正法律，等等。要深入推进公正司法，深化司法体制改革，加快建设公正高效权威的司法制度，完善人权司法保障制度，严肃惩治司法腐败，努力让人民群众在每一个司法案件中感受到公平正义。④

长期以来，我国把司法人员定位于公务员，实行与公务员基本相同的管理模式，带来不少弊端。一些法官、检察官为了晋升行政职级，愿意到办公室等非业务部门去工作，或者离开办案一线去做管理工作。2022 年，全国法院系统有近 34 万人，但有法官资格的不到 20 万人，在一线办案的更是不足

① 习近平：《论坚持全面依法治国》，中央文献出版社 2020 年版，第 280~281 页。

② 中共中央纪律检查委员会、中共中央文献研究室编：《习近平关于党风廉政建设和反腐败斗争论述摘编》，中央文献出版社、中国方正出版社 2015 年版，第 125 页。

③ 习近平：《论坚持全面依法治国》，中央文献出版社 2020 年版，第 33 页。

④ 参见习近平：《论坚持全面依法治国》，中央文献出版社 2020 年版，第 74 页。

17 万人；不少地方，52 岁的副科级法官、55 岁的正科级法官，正是办案经验最丰富、业务能力最强的时候，却为了给年轻人提拔使用腾出位子提前退居“二线”，造成人才资源浪费；特别是在县级法院、检察院、公安局，尽管院长、检察长、公安局局长按副处级高配，但仍是科级架构，正副科级就那么几个，基层广大法官、检察官、人民警察一方面任务重、压力大，另一方面职级低、待遇差、发展空间有限，于是有的就提出调往其他党政部门，有的当律师，有的下海经商，造成人才流失和断层现象比较突出。这样下去，专业队伍的形成、职业素质的提升、办案质量的保障都无从谈起。习近平总书记强调过：“建立符合职业特点的司法人员管理制度，在深化司法体制改革中居于基础性地位，是必须牵住的‘牛鼻子’。司法活动具有特殊的性质和规律，司法权是对案件事实和法律的判断权和裁决权，要求司法人员具有相应的实践经历和社会阅历，具有良好的法律专业素养和司法职业操守。”“要通过改革建立符合职业特点的司法人员管理制度，完善司法人员分类管理制度，建立法官、检察官、人民警察专业职务序列及工资制度，增强司法人员的职业荣誉感和使命感。”①

（四）针对弊端和问题完善相关制度

针对一个时期存在的执法不规范、不严格、不透明、不文明以及不作为、乱作为等突出问题，习近平总书记强调，必须加快建立权责统一、权威高效的依法行政体制。这次深化党和国家机构改革把深化综合执法改革作为专项任务，在市场监管、生态环保、文化市场、交通运输、农业等领域整合组建执法队伍，大幅减少执法队伍类别，合理配置执法力量，着力解决多头多层重复执法问题，努力做到严格规范公正文明执法。各地区各部门要完善权责清单制度，加快推进机构、职能、权限、程序、责任法定化，强化对行政权力的制约和监督，做到依法设定权力、规范权力、制约权力、监督权力。行政执法同基层和百姓的联系最紧密，直接体现我们的执政水平。行政执法体制改革情况复杂、涉及人员量大面广，改革中遇到的矛盾问题比较多。要加大力度、加快进度，推动改革平稳落实到位。同时，要加强对行政处罚、行

① 习近平：《论坚持全面依法治国》，中央文献出版社 2020 年版，第 61~62 页。

政强制事项的源头治理，最大限度减少不必要的执法事项。要着力加强这次整合组建的五支执法队伍建设，规范执法行为，改进执法方式，完善监督机制，提高执法能力。要继续探索实行跨领域跨部门综合执法，建立执法队伍主管部门和相关行业管理部门相互支持、密切配合、信息共享的联动机制。[①]

（五）废止违宪违法、损害人民权益和已经过时的法律规范

习近平总书记多次强调，建立完备的法律规范体系，要坚持立、改、废、释、纂并举的方针，对违宪、违法、损害人民权益和已经过时的法律规范要及时予以废止。他对国务院废止《劳动教养条例》给予充分肯定。

（六）前后衔接、左右联动、上下配套、系统集成

从党内法规制度的制定、发展和完善的角度讲，"既要注意体现党章的基本原则和精神，符合国家法律法规，也要同其他方面法规制度相衔接"。[②] 长期以来，党内法规整体上存在碎片化、随意化、陈旧化等特征，制度建设不均衡，无法完全覆盖党的领导和党的建设各方面，甚至存在不同层级党内法规之间的矛盾问题，造成衔接不畅、相互掣肘，严重影响党内法规制度功能的正常发挥。对此，习近平总书记指出："要把反腐倡廉法规制度的笼子扎细扎密扎牢，必须做到前后衔接、左右联动、上下配套、系统集成。"[③] 所谓"前后衔接"旨在强调新旧党规的前后一致性；"左右联动"注重不同领域党内法规之间功能上的互补和衔接；"上下配套"要求不同层级党内法规之间内容上的互嵌性；"系统集成"倾向于不同领域党内法规所形成的集合效应。为了实现上述要求，习近平总书记强调："要坚持宏观思考、总体规划，既要注意体现党章的基本原则和精神，符合国家法律法规，也要同其他方面法规制度相衔接，提升法规制度整体效应。"[④]

---

① 习近平：《论坚持全面依法治国》，中央文献出版社 2020 年版，第 220~221 页。

② 中共中央纪律检查委员会、中共中央文献研究室编：《习近平关于严明党的纪律和规矩论述摘编》，中央文献出版社、中国方正出版社 2016 年版，第 63 页。

③ 中共中央纪律检查委员会、中共中央文献研究院编：《习近平关于严明党的纪律和规矩论述摘编》，中央文献出版社、中国方正出版社 2016 年版，第 64 页。

④ 中共中央党史和文献研究院编：《习近平新时代中国特色社会主义思想学习论丛》（第二辑），中央文献出版社 2020 年版，第 42~43 页。

四、夯实中国之治制度根基的基本方法

习近平总书记还对夯实中国之治制度根基的基本方法进行了全面论述。主要内容如下。

（一）要坚持宏观思考和总体规划相结合

习近平指出，党内法规制度建设“要坚持宏观思考、总体规划，既要注意体现党章的基本原则和精神，符合国家法律法规，也要同其他方面法规制度相衔接，提升法规制度整体效应。”[①] 据此，《中国共产党党内法规制定条例》第八条规定：“制定党内法规应当统筹进行，科学编制党内法规制定工作五年规划和年度计划，突出重点、整体推进，逐步构建内容协调、程序严密，配套完备、有效管用的党内法规制度体系。”[②]

（二）坚持问题导向与目标导向相结合

一方面，习近平总书记强调，问题是工作的导向，也是改革的突破口，要坚持问题导向，提高立法的针对性、及时性、系统性、可操作性，发挥立法引领和推动作用；另一方面，他又强调要注意目标导向，要抓住提高立法质量这个关键，深入推进科学立法、民主立法，完善立法体制和程序，努力使每一项立法都符合宪法精神、反映人民意愿、得到人民拥护。[③] 以司法制度的完善为例，一方面，习近平总书记指出，要紧紧抓住影响司法公正、制约司法能力的重大问题和关键问题，增强改革的针对性和实效性。[④] 他曾多次尖锐地指出执法司法中存在的诸多问题，比如，司法机关人财物受制于地方，司法活动容易受到干扰；司法行政化问题突出，审者不判、判者不审；司法人员管理等同于一般公务员管理，不利于提高专业素质、保障办案质量；司法不公开、不透明，为暗箱操作留下空间；等等。执法司法中存在的突出问

① 中共中央党史和文献研究院编：《习近平新时代中国特色社会主义思想学习论丛》（第二辑），中央文献出版社 2020 年版，第 42~43 页。

② 《中国共产党党内法律制定条例 中国共产党党内法规和规范性文件备案规定》，人民出版社 2013 年版，第 4 页。

③ 习近平：《论坚持全面依法治国》，中央文献出版社 2020 年版，第 73~74 页。

④ 参见习近平：《论坚持全面依法治国》，中央文献出版社 2020 年版，第 148 页。

题，原因是多方面的，但很多与司法体制和工作机制不合理有关。这些问题不仅影响司法应有的权利救济、定分止争、制约公权的功能发挥，而且影响社会公平正义的实现。解决这些问题，就要靠深化司法体制改革。[①] 另一方面，他强调完善司法制度要坚持目标导向，指出：深化司法体制改革，一个重要目的是提高司法公信力，让司法真正发挥维护社会公平正义最后一道防线的作用。要从确保依法独立公正行使审判权、检察权，健全司法权力运行机制，完善人权司法保障制度三个方面，着力解决影响司法公正、制约司法能力的深层次问题，破解体制性、机制性、保障性障碍。[②] 无论是制度、方案的设计，还是配套措施的推出，都要从党和国家事业发展全局出发，从最广大人民的根本利益出发。[③]

（三）坚持立足当前与着眼长远相结合

习近平总书记指出，立法建制“既要立足当前，运用法治思维和法治方式解决经济社会发展面临的深层次问题；又要着眼长远，筑法治之基、行法治之力、积法治之势，促进各方面制度更加成熟更加定型，为党和国家事业发展提供长期性的制度保障。”[④] 在十九届中央纪委二次全会上，习近平总书记强调：“坚持使命引领和问题导向相统一，既要立足当前、直面问题，在解决人民群众最不满意的问题上下功夫；又要着眼未来、登高望远，在加强统筹谋划、强化顶层设计上着力。”[⑤] 在反腐倡廉制度建设方面，习近平总书记强调，要扎牢不能腐的笼子，把“当下改”和“长久立”结合起来，形成靠制度管权、管事、管人的长效机制。[⑥]

---

① 参见习近平：《论坚持全面依法治国》，中央文献出版社 2020 年版，第 59~60 页。

② 参见习近平：《论坚持全面依法治国》，中央文献出版社 2020 年版，第 60~61 页。

③ 习近平：《论坚持全面依法治国》，中央文献出版社 2020 年版，第 148 页。

④ 习近平：《坚定不移走中国特色社会主义法治道路 为全面建设社会主义现代化国家提供有力法治保障》，载《求是》2021 年第 5 期。

⑤ 《深入学习十九届中央纪委二次全会精神》，人民出版社 2018 年版，第 3 页。

⑥ 习近平：《论坚持全面依法治国》，中央文献出版社 2020 年版，第 242~243 页。

（四）坚持制度自信与制度创新相结合

习近平总书记全面回顾了中国特色社会主义制度创立的背景及发展历程，[①]揭示了中国特色社会主义制度的显著优势和强大生命力，[②]强调必须坚持制度自信。2016年7月1日，习近平在庆祝中国共产党成立95周年大会上的讲话中指出："我们要坚信，中国特色社会主义制度是当代中国发展进步的根本制度保障，是具有鲜明中国特色、明显制度优势、强大自我完善能力的先进制度。"[①]他说："中国实行工人阶级领导的、以工农联盟为基础的人民民主专政的国体，实行人民代表大会制度的政体，实行中国共产党领导的多党合作

---

① 习近平总书记指出："建立什么样的国家制度，是近代以来中国人民面临的一个历史性课题。鸦片战争以后，延续了二千多年的封建专制制度已经腐朽不堪，难以应对日益深重的政治危机和民族危机。无数仁人志士为寻求改变中华民族前途命运的道路进行了努力，历经了从技术层面、社会革命层面、实业层面到制度层面、文化层面的反复探索，尝试了君主立宪制、议会制、多党制、总统制等各种制度模式，但都以失败而告终。我们党自成立之日起就致力于建设人民当家作主的新社会，提出了关于未来国家制度的主张，并领导人民为之进行斗争。土地革命时期，我们党在江西中央苏区建立了中华苏维埃共和国，开始了国家制度和法律制度建设的探索。抗日战争时期，我们党建立以延安为中心、以陕甘宁边区为代表的抗日民主政权，成立边区政府，按照'三三制'原则，以参议会为最高权力机关，建立各级立法、行政、司法机关。新中国成立后，我们党创造性地运用马克思主义国家学说，为建设社会主义国家制度进行了不懈努力，逐步确立并巩固了我们国家的国体、政体、根本政治制度、基本政治制度、基本经济制度和各方面的重要制度，中国特色社会主义制度不断完善，中国特色社会主义法律体系也不断健全。党的十八大以来，我们推（转下页）

（接上页）进全面深化改革，健全党的领导体制机制，加强人民当家作主制度建设，完成宪法部分内容修改，推动社会主义协商民主广泛多层制度化发展，深化党和国家机构改革，深化经济体制改革，深化司法体制综合改革，深化生态文明体制改革，深化国防和军队改革，建立国家监察制度，中国特色社会主义制度日趋成熟定型，中国特色社会主义法治体系不断完善，为推动党和国家事业取得历史性成就、发生历史性变革发挥了重大作用。"习近平：《论坚持全面依法治国》，中央文献出版社2020年版，第262~263页。

② 习近平总书记指出："中国特色社会主义国家制度和法律制度在实践中显示出巨大优势，以下几个方面最为重要。一是坚持党的领导的优势。七十年来，正是因为始终在党的领导下，集中力量办大事，国家统一有效组织各项事业、开展各项工作，才能成功应对一系列重大风险挑战、克服无数艰难险阻，始终沿着正确方向稳步前进。二是保证人民当家作主的优势。我们国家的名称，我们各级国家机关的名称，都冠以'人民'的称号，这是我国社会主义国家政权的基本定位。我国国家制度深深植根于人民之中，能够有效体现人民意志、保障人民权益、激发人民创造力。三是坚持全面依法治国的优势。坚持依法治国，坚持法治国家、法治政府、法治社会一体建设，为解放和增强社会活力、促进社会公平正义、维护社会和谐稳定、确保党和国家长治久安发挥了重要作用。四是实行民主集中制的优势。民主集中制是我国国家组织形式和活动方式的基本原则，是我国国家制度的突出特点。在党的领导下，各国家机关是一个统一整体，既合理分工，又密切协作，既充分发扬民主，又有效进行集中，克服了议而不决、决而不行、行而不实等不良现象，避免了相互掣肘、效率低下的弊端。"习近平：《论坚持全面依法治国》，中央文献出版社2020年版，第264~265页。

① 习近平：《在庆祝中国共产党成立95周年大会上的讲话》，载《求是》2021年第8期。

和政治协商制度，实行民族区域自治制度，实行基层群众自治制度，具有鲜明的中国特色。这样一套制度安排，能够有效保证人民享有更加广泛、更加充实的权利和自由，保证人民广泛参加国家治理和社会治理；能够有效调节国家政治关系，发展充满活力的政党关系、民族关系、宗教关系、阶层关系、海内外同胞关系，增强民族凝聚力，形成安定团结的政治局面；能够集中力量办大事，有效促进社会生产力解放和发展，促进现代化建设各项事业，促进人民生活质量和水平不断提高；能够有效维护国家独立自主，有力维护国家主权、安全、发展利益，维护中国人民和中华民族的福祉。改革开放三十多年来，中国经济实力、综合国力、人民生活水平不断跨上新台阶，我们不断战胜前进道路上各种世所罕见的艰难险阻，中国各民族长期共同团结奋斗、共同繁荣发展，中国社会长期保持和谐稳定。这些事实充分证明，中国社会主义民主政治具有强大生命力，中国特色社会主义政治发展道路是符合中国国情、保证人民当家作主的正确道路。”① “中国特色社会主义国家制度和法律制度是在长期实践探索中形成的，是人类制度文明史上的伟大创造。”② “实践证明，我们党把马克思主义基本原理同中国具体实际结合起来，在古老的东方大国建立起保证亿万人民当家作主的新型国家制度，使中国特色社会主义制度成为具有显著优越性和强大生命力的制度，保障我国创造出经济快速发展、社会长期稳定的奇迹，也为发展中国家走向现代化提供了全新选择，为人类探索建设更好社会制度贡献了中国智慧和中国方案。”③ “中国特色社会主义国家制度和法律制度是被实践证明了的科学制度体系，具有显著优势。中国特色社会主义国家制度和法律制度，植根于中华民族五千多年文明史所积淀的深厚历史文化传统，吸收借鉴了人类制度文明有益成果，经过了长期实践检验。”④ “一个国家的政治制度决定于这个国家的经济社会基础，同时又反作用于这个国家的经济社会基础，乃至于起到决定性作用。在一个国家的各种制度中，政治制度处于关键环节。所以，坚定中国特色社会主义制度自信，

---

① 习近平：《论坚持全面依法治国》，中央文献出版社 2020 年版，第 80~81 页。
② 习近平：《论坚持全面依法治国》，中央文献出版社 2020 年版，第 262 页。
③ 习近平：《论坚持全面依法治国》，中央文献出版社 2020 年版，第 263 页。
④ 习近平：《论坚持全面依法治国》，中央文献出版社 2020 年版，第 263~264 页。

首先要坚定对中国特色社会主义政治制度的自信，增强走中国特色社会主义政治发展道路的信心和决心。”①

在强调要坚持中国特色社会主义制度的制度自信的同时，习近平总书记特别指出：“当然，这并不是说，中国政治制度就完美无缺了，就不需要完善和发展了。制度自信不是自视清高、自我满足，更不是裹足不前、固步自封，而是要把坚定制度自信和不断改革创新统一起来，在坚持根本政治制度、基本政治制度的基础上，不断推进制度体系完善和发展。我们一直认为，我们的民主法治建设同扩大人民民主和经济社会发展的要求还不完全适应，社会主义民主政治的体制、机制、程序、规范以及具体运行上还存在不完善的地方，在保障人民民主权利、发挥人民创造精神方面也还存在一些不足，必须继续加以完善。在全面深化改革进程中，我们要积极稳妥推进政治体制改革，以保证人民当家作主为根本，以增强党和国家活力、调动人民积极性为目标，不断建设社会主义政治文明。”②“人民代表大会制度是中国特色社会主义制度的重要组成部分，也是支撑中国国家治理体系和治理能力的根本政治制度。新形势下，我们要毫不动摇坚持人民代表大会制度，也要与时俱进完善人民代表大会制度。”③

改革开放以来，在党中央的领导下，我国经过长期努力，在制度创新方面取得了决定性进展，无论是在国家宏观制度建设方面，④还是在法治改革方

---

① 习近平：《论坚持全面依法治国》，中央文献出版社 2020 年版，第 81 页。

② 习近平：《论坚持全面依法治国》，中央文献出版社 2020 年版，第 81 页。

③ 习近平：《论坚持全面依法治国》，中央文献出版社 2020 年版，第 73 页。

④ 在国家制度方面，废除了实际上存在的领导干部职务终身制，普遍实行领导干部任期制度，实现了国家机关和领导层的有序更替；不断扩大人民有序政治参与，人民实现了内容广泛、层次丰富的当家作主；坚持发展最广泛的爱国统一战线，发展独具特色的社会主义协商民主，有效凝聚了各党派、各团体、各民族、各阶层、各界人士的智慧和力量；努力建设了解民情、反映民意、集中民智、珍惜民力的决策机制，增强决策透明度和公众参与度，保证了决策符合人民利益和愿望；积极发展广纳群贤、充满活力的选人用人机制，广泛把各方面优秀人才集聚到党和国家各项事业中来；坚持依法治国、依法执政、依法行政共同推进，坚持法治国家、法治政府、法治社会一体建设，全社会法治水平不断提高；建立健全多层次监督体系，完善各类公开办事制度，保证党和国家领导机关和人员按照法定权限和程序行使权力；等等。参见习近平：《论坚持全面依法治国》，中央文献出版社 2020 年版，第 79~80 页。

面，[①] 推进改革的力度前所未有，成效也前所未有。其中，有很多是我们想了多年、讲了多年但没有做成的改革。习近平总书记强调："我们要坚持以实践基础上的理论创新推动制度创新，坚持和完善现有制度，从实际出发，及时制定一些新的制度，构建系统完备、科学规范、运行有效的制度体系。"[②]

（五）坚持体系化建构与突出重点相结合

一方面，习近平总书记强调，进行制度建设要坚持系统思维、宏观思考、总体规划。习近平总书记强调："要立治有体、施治有序，零打碎敲不行，碎片化修补也不行。这些年来，从中央到地方搞了不少制度性规范，但有的过于原则、缺乏具体的量化标准，形同摆设；有的相互脱节、彼此缺乏衔接和协调配合，形不成系统化的制度链条，产生不了综合效应；有的过于笼统、弹性空间大，牛栏关猫，很多腐败问题不仅没有遏制住，反而愈演愈烈。"[③]

另一方面，习近平总书记多次强调，要坚持问题导向、突出重点，充分体现科学性、针对性、可操作性。他说："国家之权乃是'神器'，是个神圣的东西。公权力姓公，也必须为公。只要公权力存在，就必须有制约和监督。不关进笼子，公权力就会被滥用。马克思强调，社会主义国家的一切权力属于人民，一切公职人员必须'在公众监督之下进行工作'。列宁强调，要提高监督机关的地位、规格、权威，建立起包括党内监督、人民监督、法律监督在内的监督体系，以防止公职人员成为'脱离群众、站在群众之上、享有特权的人物'。"[④] 深化国家监察体制改革的初心，就是要把增强对公权力和公职人员的监督全覆盖、有效性作为着力点，推进公权力运行法治化，消除权力监督的真空地带，压缩权力行使的任性空间，建立完善的监督管理机制、有

---

① 在立法、执法、司法、守法方面，出台了一系列改革方案，如健全宪法实施和监督制度，设立最高人民法院巡回法庭、跨行政区划的法院检察院、知识产权法院，推动省以下地方法院检察院人财物统一管理，推进以审判为中心的诉讼制度改革，实行立案登记制，推进完善司法责任制改革，完善国家司法考试制度，推进法治政府建设，出台领导干部干预司法活动、插手具体案件处理的记录、通报和责任追究的规定，制定规范司法人员交往行为的规定，健全冤错案件发现受理、审查办理、监督纠正等机制，推行法律顾问制度和公职律师、公司律师制度，等等。参见习近平：《论坚持全面依法治国》，中央文献出版社 2020 年版，第 172~173 页。

② 习近平：《习近平谈治国理政》（第一卷），外文出版社 2018 年版，第 10 页。

③ 习近平：《论坚持全面依法治国》，中央文献出版社 2020 年版，第 152 页。

④ 习近平：《论坚持全面依法治国》，中央文献出版社 2020 年版，第 240 页。

效的权力制约机制、严肃的责任追究机制。“要制定同监察法配套的法律法规，将监察法中原则性、概括性的规定具体化，形成系统完备、科学规范、运行有效的法规体系。”①

以反腐倡廉制度建设为例，习近平总书记一方面强调，“要把反腐倡廉法规制度的笼子扎细扎密扎牢，必须做到前后衔接、左右联动、上下配套、系统集成。”②“要抓紧完善反腐倡廉的基本法规制度，修订廉政准则、党内监督条例、纪律处分条例、巡视工作条例、行政监察法，研究制定派驻纪检机构工作条例、纪律审查工作条例等。既要注意体现党章的基本原则和精神，符合国家法律法规，也要同其他方面法规制度相衔接，使实体性法规制度和程序性法规制度、综合性规定和专门性规定、下位法规制度和上位法规制度相互协调、相辅相成，提升法规制度整体效应。”③另一方面，反腐倡廉法规制度建设，也要抓住关键、突出重点。关键和重点就是制约和监督权力。习近平总书记强调：“腐败的本质是权力出轨、越轨，许多腐败问题都与权力配置不科学、使用不规范、监督不到位有关。反腐倡廉法规制度建设要围绕授权、用权、制权等环节，合理确定权力归属，划清权力边界，厘清权力清单，明确什么权能用、什么权不能用，强化权力流程控制，压缩自由裁量空间，杜绝各种暗箱操作，把权力运行置于党组织和人民群众监督之下，最大限度减少权力寻租的空间。”④

在军事法规制度建设方面，习近平总书记一方面强调：“必须同国家法律体系建设进程相协调，同我军建设、改革和军事斗争准备实践相适应。要加强同国家立法工作的衔接，突出加强改革急需、备战急用、官兵急盼的军事法规制度建设，健全完善实在管用、系统配套的中国特色军事法规制度体系。”⑤另一方面，习近平总书记也指出：“依法治军，关键是依法治权，必须加强权力运行制约和监督，切实把权力关进制度的笼子里……权力必须有制约和监督，绝对权力导致绝对腐败，这是古今中外都证明了的一个道理。我

① 习近平：《论坚持全面依法治国》，中央文献出版社 2020 年版，第 243 页。
② 习近平：《论坚持全面依法治国》，中央文献出版社 2020 年版，第 152~153 页。
③ 习近平：《论坚持全面依法治国》，中央文献出版社 2020 年版，第 152 页。
④ 习近平：《论坚持全面依法治国》，中央文献出版社 2020 年版，第 151~152 页。
⑤ 习近平：《论坚持全面依法治国》，中央文献出版社 2020 年版，第 161 页。

们必须利剑高悬，以顽强的意志品质，坚决减存量、遏增量，推进标本兼治，不断压缩腐败现象生存空间，确保反腐败斗争取得压倒性胜利。”[①]

（六）坚持先行先试与依法合规相结合

改革和法治相辅相成、相伴而生。[②]科学立法是处理改革和法治关系的重要环节。我国改革进入了攻坚期和深水区，改革和法治的关系需要破解一些新难题，也亟待纠正一些认识上的误区。一种观点认为，改革就是要冲破法律的禁区，现在法律的条条框框妨碍和迟滞了改革，改革要上路、法律要让路。另一种观点则认为，法律就是要保持稳定性、权威性、适当的滞后性，法律很难引领改革。习近平总书记指出：“这两种看法都是不全面的。在法治下推进改革，在改革中完善法治……要坚持改革决策和立法决策相统一、相衔接，立法主动适应改革需要，积极发挥引导、推动、规范、保障改革的作用，做到重大改革于法有据，改革和法治同步推进，增强改革的穿透力。对实践证明已经比较成熟的改革经验和行之有效的改革举措，要尽快上升为法律。对部门间争议较大的重要立法事项，要加快推动和协调，不能久拖不决。对实践条件还不成熟、需要先行先试的，要按照法定程序作出授权，既不允许随意突破法律红线，也不允许简单以现行法律没有依据为由迟滞改革。对不适应改革要求的现行法律法规，要及时修改或废止，不能让一些过时的法律条款成为改革的‘绊马索’。”[③]习近平总书记强调：“要实现立法和改革决策相衔接……在研究改革方案和改革措施时，要同步考虑改革涉及的立法问题，及时提出立法需求和立法建议……对不适应改革要求的法律法规，要及时修改和废止。要加强法律解释工作，及时明确法律规定含义和适用法律依据。”[④]“要高度重视运用法治思维和法治方式推进改革，坚持重大改革于法有据。需要制定、修改或废止法律的，主责单位要主动同立法机构衔接，立法机构要及时启动程序。需要得到法律授权的重要改革举措，要在履行法律程

---

① 习近平：《论坚持全面依法治国》，中央文献出版社 2020 年版，第 158 页。

② 我国历史上的历次变法，都是改革和法治紧密结合，变旧法、立新法，从战国时期商鞅变法、宋代王安石变法到明代张居正变法，莫不如此。参见习近平：《论坚持全面依法治国》，中央文献出版社 2020 年版，第 38 页。

③ 习近平：《论坚持全面依法治国》，中央文献出版社 2020 年版，第 38 页。

④ 习近平：《论坚持全面依法治国》，中央文献出版社 2020 年版，第 37 页。

序后再实施，有序进行，不能违法办事。”①

（七）坚持从实际和国情出发与继承借鉴相结合

“橘生淮南则为橘，生于淮北则为枳。”“物之不齐，物之情也。”习近平总书记多次强调：“设计和发展国家政治制度，必须注重历史和现实、理论和实践、形式和内容有机统一。”②我们需要借鉴国外政治文明的有益成果，但绝不能放弃中国政治制度的根本。中国有960多万平方公里土地、56个民族，我们能照谁的模式办？谁又能指手画脚告诉我们该怎么办？对丰富多彩的世界，我们应该秉持兼容并蓄的态度，虚心学习他人的好东西，在独立自主的立场上把他人的好东西加以消化吸收，化成我们自己的好东西，但决不能囫囵吞枣、决不能邯郸学步。照抄照搬他国的政治制度行不通，会水土不服，会画虎不成反类犬，甚至会把国家前途命运葬送掉。只有扎根本国土壤、汲取充沛养分的制度，才最可靠，也最管用。世界上不存在完全相同的政治制度，也不存在适用于一切国家的政治制度模式。各国国情不同，每个国家的政治制度都是独特的，都是由这个国家的人民决定的，都是在这个国家历史传承、文化传统、经济社会发展的基础上长期发展、渐进改进、内生性演化的结果。中国特色社会主义政治制度之所以行得通、有生命力、有效率，就是因为它是从中国的社会土壤中生长起来的。中国特色社会主义政治制度过去和现在一直生长在中国的社会土壤之中，未来要继续茁壮成长，也必须深深扎根于中国的社会土壤。③我们有我们的历史文化，有我们的体制机制，有我们的国情，我们的国家治理有其他国家不可比拟的特殊性和复杂性，也有我们自己长期积累的经验和优势，不能妄自菲薄，也不能数典忘祖。④在

---

① 习近平：《论坚持全面依法治国》，中央文献出版社2020年版，第40页。

② 习近平：《在庆祝全国人民代表大会成立60周年大会上的讲话》，人民出版社2014年版，第15页。

③ 习近平：《论坚持全面依法治国》，中央文献出版社2020年版，第78~79页。

④ 习近平总书记指出：我们的先人早就开始探索如何驾驭人类自身这个重大课题，春秋战国时期就有了自成体系的成文法典，汉唐时期形成了比较完备的法典。我国古代法制蕴含着十分丰富的智慧和资源，中华法系在世界几大法系中独树一帜。先秦时代管仲、李悝、商鞅、韩非子等法家代表人物就影响深远。我们的先人留下了丰富的法制思想，“奉法者强则国强”“法约而易行”“法不阿贵”“刑无等级”“执法如山”“王子犯法，庶民同罪”等名言脍炙人口。参见习近平：《论坚持全面依法治国》，中央文献出版社2020年版，第176~177页。

这个问题上，我们要有底气、有自信，要努力以中国智慧、中国实践为世界法治文明建设作出贡献。[①]因此，制度建设尤其是政治制度建设，“要坚持从国情出发、从实际出发，既要把握长期形成的历史传承，又要把握走过的发展道路、积累的政治经验、形成的政治原则，还要把握现实要求、着眼解决现实问题，不能割断历史，不能想象突然就搬来一座政治制度上的‘飞来峰’。”[②]

另一方面，习近平总书记强调，坚持从我国实际出发，不等于关起门来搞法治。法治是人类文明的重要成果之一，法治的精髓和要旨对于各国国家治理和社会治理具有普遍意义，我们要学习借鉴世界上优秀的法治文明成果，但也要加以甄别，有选择地吸收和转化，不能囫囵吞枣、照搬照抄，否则必然水土不服。“学习借鉴不等于是简单的拿来主义，必须坚持以我为主、为我所用，认真鉴别、合理吸收，不能搞‘全盘西化’，不能搞‘全面移植’，不能照搬照抄。”[③]

（八）坚持理论指导与实践总结相结合

夯实制度根基是一场深刻变革，必须以科学理论为指导，加强理论思维，不断从理论和实践的结合上取得新成果，总结好、运用好党关于新时代加强制度建设的思想理论成果，更好指导现代化各项工作。

一方面，习近平总书记强调，要加强对中国特色社会主义国家制度和法律制度的理论研究，总结70年来我国制度建设的成功经验，构筑中国制度建设理论的学术体系、理论体系、话语体系，为坚定制度自信提供理论支撑。要加强制度宣传教育，特别是要加强对青少年的制度教育，引导人们充分认识我们已经走出了建设中国特色社会主义制度的成功之路，只要我们沿着这条道路继续前进，就一定能够实现国家治理体系和治理能力现代化。要结合新中国成立70周年系列庆祝活动，讲好中国制度故事，扩大中国制度的影响力和感召力，增进国际社会对我国制度的认识和认同。[④]

---

① 习近平：《论坚持全面依法治国》，中央文献出版社2020年版，第176~177页。
② 习近平：《论坚持全面依法治国》，中央文献出版社2020年版，第77页。
③ 习近平：《论坚持全面依法治国》，中央文献出版社2020年版，第111页。
④ 习近平：《论坚持全面依法治国》，中央文献出版社2020年版，第267页。

另一方面，习近平总书记又强调，对已经出台的改革举措，要加强改革效果评估，及时总结经验，注意发现和解决苗头性、倾向性、潜在性问题。要下功夫凝聚共识，充分调动一切积极因素，形成推进改革的强大力量。

五、抓好制度的贯彻、落实和执行

习近平总书记高度重视制度的贯彻、实施和执行问题。他反复强调："制定制度很重要，更重要的是抓落实，九分气力花在这上面。"[①] 他指出："法规制度的生命力在于执行。""现在，我们有法规制度不够健全、不够完善的问题，但更值得注意的是已有的法规制度并没有得到严格执行。"[②] 他在 2014 年 5 月 9 日参加河南省兰考县委常委班子专题民主生活会时指出："我们的制度不少，可以说基本形成，但不要让它们形同虚设，成为'稻草人'，形成'破窗效应'。很多情况没有监督，违反了也没有任何处理。这样搞，谁会把制度当回事呢？我们党的制度是从党章开始的，学习党章学了半天，最后还是视而不见、听而不闻，这不行！我们的制度有些还不够健全，已经有的铁笼子门没关上，没上锁。或者栅栏太宽了，或者栅栏是用麻秆做的，那也不行。现有制度都没执行好，再搞新的制度，可以预言也会是白搭。所以，我说一分部署还要九分落实。制定制度很重要，更重要的是抓落实，九分气力要花在这上面。"[③] 他之所以强调要一分部署、九分落实，这是因为制度的功能、作用和价值在于执行，制度的权威和影响力在于执行，制度的生命力在于执行；"盖天下之事，不难于立法，而难于法之必行"；"纵有良法美意，非其人而行之，反成弊政"；有了制度没有严格执行就会形成"破窗效应"；现实中贯彻、

① 中共中央纪律检查委员会、中共中央文献研究室编：《习近平关于严明党的纪律和规矩论述摘编》，中央文献出版社、中国方正出版社 2016 年版，第 81 页。

② 中共中央纪律检查委员会、中共中央文献研究室编：《习近平关于严明党的纪律和规矩论述摘编》，中央文献出版社、中国方正出版社 2016 年版，第 88~89 页。

③ 中共中央纪律检查委员会、中共中央文献研究室编：《习近平关于严明党的纪律和规矩论述摘编》，中央文献出版社、中国方正出版社 2016 年版，第 81 页。

实施、执行制度不力的现象比比皆是，需要加大治理和监管力度[①]；要把制度优势转变为治理效能，必须强化制度的贯彻、实施和执行。习近平总书记强调："要强化制度执行力，加强制度执行的监督，切实把我国制度优势转化为治理效能。各级党委和政府以及领导干部要增强制度意识，善于在制度的轨道上推进各项事业。广大党员、干部要做制度执行的表率，引领全社会增强制度意识，自觉维护制度权威。"[②]

（一）必须强化制度意识

2013年11月12日，习近平在党的十八届三中全会第二次全体会议上讲话时指出："要更加注重治理能力建设，增强按制度办事、依法办事意识，善于运用制度和法律治理国家，把各方面制度优势转化为管理国家的效能，提高党科学执政、民主执政、依法执政水平。"[③] 2019年9月24日，习近平在十九届中央政治局第十七次集体学习时强调："各级党委和政府以及领导干部要增强制度意识，善于在制度的轨道上推进各项事业。广大党员、干部要做制度执行的表率，引领全社会增强制度意识，自觉维护制度权威。"[④] 习近平总书记多次强调了党章的极端重要性："党章是党的总章程，集中体现了党的性质和宗旨、党的理论和路线方针政策、党的重要主张，规定了党的重要制度和体制机制，是全党必须共同遵守的根本行为规范。没有规矩，不成方圆。党章就是党的根本大法，是全党必须遵循的总规矩。"[⑤] "每一个共产党员特别是

---

① 习近平总书记尖锐地指出："现在，有的人对制度缺乏敬畏，根本不按制度行事，甚至随意更改制度；有的人千方百计钻制度空子、打擦边球；有的人不敢也不愿遵守制度，极力逃避制度的约束和监管，等等。""现在，我们有法规制度不够健全、不够完善的问题，但更值得注意的是已有的法规制度并没有得到严格执行。现实生活中，有的法规制度意识淡薄，没有养成按照法规制度办事的习惯；有的对法规制度阳奉阴违，搞'上有政策、下有对策'；有的对法规制度采取实用主义态度，合意的就执行，不合意的就不执行；有的甚至根本没有把法规制度放在眼里，为所欲为、独断专行，将个人凌驾于法规制度之上，使法规制度形同虚设。"习近平：《论坚持全面依法治国》，中央文献出版社2020年版，第266页、第154页。

② 习近平：《论坚持全面依法治国》，中央文献出版社2020年版，第266页。

③ 习近平：《论坚持人民当家作主》，中央文献出版社2021年版，第47页。

④ 习近平：《坚持、完善和发展中国特色社会主义国家制度与法律制度》，载《求是》2019年第23期。

⑤ 中共中央党史和文献研究院编：《习近平关于依规治党论述摘编》，中央文献出版社2022年版，第51页。

领导干部都要牢固树立党章意识，自觉用党章规范自己的一言一行。”[①]党要在全党开展法规制度宣传教育，引导广大党员、干部牢固树立法治意识、制度意识、纪律意识，懂法纪、明规矩，知敬畏、存戒惧，形成尊崇制度、遵守制度、捍卫制度的良好氛围。要发挥领导干部“关键少数”的模范带头作用。领导干部不论职务多高、资历多深、贡献多大，都要严格按法规制度办事，坚持法规制度面前人人平等、遵守法规制度没有特权、执行法规制度没有例外。越是领导干部，越是主要领导干部，越要自觉增强法规制度意识，以身作则，以上率下，尤其要善于依法规制度谋事、依法规制度管人、依法规制度用权，自觉维护法规制度的严肃性和权威性。习近平强调：“思想教育要结合落实制度规定来进行，抓住主要矛盾，不搞空对空。要使加强制度治党的过程成为加强思想建党的过程，也要使加强思想建党的过程成为加强制度治党的过程。”[②]“从严管理干部，要坚持思想建党和制度治党紧密结合，既从思想教育上严起来，又从制度上严起来。”[③]

（二）必须坚持制度完善和制度执行两手抓

要坚持制度构建与制度落实相结合。习近平总书记指出，做到严格执法、公正司法，还要靠制度来保障，让执法司法权在制度的笼子里运行。诚然，我们的制度体系还要完善，但当前突出的问题在于很多制度没得到严格执行。“现在，我们的工作重点应该是保证法律实施，做到有法必依、执法必严、违法必究。有了法律不能有效实施，那再多法律也是一纸空文，依法治国就会成为一句空话。”[④]“多年来的实践告诉我们，贯彻执行法规制度没有绝招，关键在真抓，靠的是严管。加强反腐倡廉法规制度建设，必须一手抓制定完善，一手抓贯彻执行。”[⑤]习近平强调，反腐倡廉法规制度一经建立，就要让铁规发力、让禁令生威，确保各项法规制度落地生根。好的法规制度如果不落实，只是写在纸上、贴在墙上、编在手册里，就会成为“稻草人”“纸老虎”，不

---

① 《十八大以来重要文献选编》(上)，中央文献出版社 2014 年版，第 132 页。

② 《十八大以来重要文献选编》(中)，中央文献出版社 2016 年版，第 95 页。

③ 中共中央纪律检查委员会、中共中央文献研究室编：《习近平关于严明党的纪律和规矩论述摘编》，中央文献出版社、中国方正出版社 2016 年版，第 102 页。

④ 习近平：《论坚持全面依法治国》，中央文献出版社 2020 年版，第 45 页。

⑤ 习近平：《论坚持全面依法治国》，中央文献出版社 2020 年版，第 154 页。

仅不能产生应有的作用，反而会损害法规制度的公信力。我们要下大气力建制度、立规矩，更要下大气力抓落实、抓执行，坚决纠正随意变通、恶意规避、无视制度等现象。[①]

（三）要坚持从严治理、从严要求

习近平总书记指出："要强化制度执行，加强监督检查，确保出台一个就执行落实好一个。要坚持执行制度没有例外，对违反制度规定踩'红线'、闯'雷区'的，要零容忍，发现一起就坚决查处一起。"[②]习近平总书记强调："法规制度一经建立，就要让铁规发力、让禁令生威，确保各项法规制度落地生根。好的法规制度如果不落实，只是写在纸上、贴在墙上、编在手册里，就会成为'稻草人''纸老虎'，不仅不能产生应有作用，反而会损害法规制度的公信力。"[③]从严治党、从严治军、从严规范政法队伍的行为，是党的十八大以来党中央治国理政的一个重要特点。习近平总书记指出：军无法不立，法无严不威。严才能正纲纪，严才能肃军威，严才能出战斗力。在长期和平环境下，部队容易发生管理松懈、作风松散、纪律松弛等问题。要坚持严字当头，在从严管理、依法带兵上下功夫。[④]要坚持严字当头，强化执纪执法监督，严肃追责问责，把依法从严贯穿国防和军队建设各领域全过程，真正使铁规生威、铁纪发力。[⑤]习近平总书记结合党的建设实践强调："在我们国家，法律是对全体公民的要求，党内法规制度是对全体党员的要求，而且很多地方比法律的要求更严格。我们党是先锋队，对党员的要求应该更严。"[⑥]

（四）要抓早抓小抓细、防微杜渐

"善不可失，恶不可长。"习近平总书记列举一些国家在制度建设上抓小抓细的例子：世界上许多国家都对律师同法官、检察官接触交往作出严格规定，严禁律师和法官私下会见，不能共同出入酒店、娱乐场所甚至同乘一部

---

① 参见习近平：《论坚持全面依法治国》，中央文献出版社 2020 年版，第 155 页。

② 习近平：《做焦裕禄式的县委书记》，中央文献出版社 2015 年版，第 59 页。

③ 中共中央纪律检查委员会、中共中央文献研究室编：《习近平关于严明党的纪律和规矩论述摘编》，中央文献出版社、中国方正出版社 2016 年版，第 89 页。

④ 习近平：《论坚持全面依法治国》，中央文献出版社 2020 年版，第 157 页。

⑤ 习近平：《论坚持全面依法治国》，中央文献出版社 2020 年版，第 161 页。

⑥ 中共中央文献研究室编：《习近平关于全面依法治国论述摘编》，中央文献出版社 2015 年版，第 112 页。

电梯。[1]习近平总书记强调，要坚持惩前毖后、治病救人，运用好监督执纪"四种形态"，抓早抓小，防微杜渐。要强化监督执纪，及时发现和查处党风党纪方面的问题，同时强化监察执法，及时发现和查处依法履职、秉公用权、廉洁从政从业以及道德操守等方面的问题，把权力运行的规矩立起来。[2]他说，体制是重要因素，但人是最根本的因素。体制改革了、完善了，不等于权力干扰、金钱腐蚀就不再发生了，而是会以更隐蔽、更复杂的方式起作用。俗话说，一次守不住、次次都让步，小洞不补、大洞吃苦。作风建设，既要抓大，也要抓小，要从具体事情抓起，早提醒、早纠正，不能睁一只眼闭一只眼，更不能护着掩着。各级政法领导干部要以身作则、率先垂范，为广大干警树立榜样。[3]

（五）要坚持制度面前人人平等、执行制度面前没有例外

习近平总书记多次强调要坚持法律面前人人平等，强调任何人都不能凌驾于宪法和法律之上。他在党的群众路线教育实践活动总结大会上强调："要坚持制度面前人人平等、执行制度没有例外，不留'暗门'、不开'天窗'，坚决维护制度的严肃性和权威性，坚决纠正有令不行、有禁不止的行为，使制度成为硬约束而不是橡皮筋。"[4]

（六）要加强制度执行的监督检查

习近平指出："抓好法规制度落实，必须落实监督制度，加强日常监督和专项检查。要用监督传递压力，用压力推动落实。"[5]"党的执政地位，决定了党内监督在党和国家各种监督形式中是最基本的、第一位的。只有以党内监督带动其他监督、完善监督体系，才能为全面从严治党提供有力制度保障。"[6]抓好法规制度落实，必须落实监督制度，加强日常督察和专项检查。要用监

---

① 参见习近平：《论坚持全面依法治国》，中央文献出版社 2020 年版，第 48~49 页。

② 习近平：《论坚持全面依法治国》，中央文献出版社 2020 年版，第 242 页。

③ 习近平：《论坚持全面依法治国》，中央文献出版社 2020 年版，第 57 页。

④ 习近平：《在党的群众路线教育实践活动总结大会上的讲话》，载《人民日报》2014 年 10 月 9 日第 2 版。

⑤ 中共中央文献研究室编：《习近平关于全面从严治党论述摘编》，中央文献出版社 2016 年版，第 445 页。

⑥ 习近平：《在党的十八届六中全会第二次全体会议上的讲话（节选）》，载《求是》2017 年第 1 期。

督传递压力，用压力推动落实。对违规违纪、破坏法规制度踩“红线”、越“底线”、闯“雷区”的，要坚决严肃查处，不以权势大而破规，不以问题小而姑息，不以违者众而放任，不留“暗门”、不开“天窗”，坚决防止“破窗效应”。国家监察是对公权力最直接最有效的监督，监察委员会第一项职责就是“对公职人员开展廉政教育，对其依法履职、秉公用权、廉洁从政从业以及道德操守情况进行监督检查”。要教育监督各级国家机关和公职人员牢记手中的权力是党和人民赋予的，是上下左右有界受控的，切不可随心所欲、为所欲为，做到秉公用权、依法用权、廉洁用权、为民用权。要督促掌握公权力的部门、组织、个人强化法治思维，严格在宪法法律范围内活动，严格依照法定权限和程序行使权力，决不允许任何组织或者个人有超越法律的特权。要强化对公权力的监督制约，督促掌握公权力的部门、组织合理分解权力、科学配置权力、严格职责权限，完善权责清单制度，加快推进机构、职能、权限、程序、责任法定化。要盯紧公权力运行的各个环节，完善及时发现问题的防范机制、精准纠正偏差的矫正机制，管好关键人、管到关键处、管住关键事、管在关键时，特别是要把一把手管住管好。要认真执行民主集中制，完善“三重一大”决策监督机制，用好批评和自我批评的锐利武器，把上级对下级、同级之间以及下级对上级的监督充分调动起来，增强监督实效。要把日常监督和信访举报、巡视巡察结合起来，加强对问题整改落实情况的督促检查，对整改抓不好的要严肃问责。习近平总书记还特别强调，权力监督的目的是保证公权力正确行使，更好促进干部履职尽责、干事创业。一方面要管住乱用滥用权力的渎职行为，另一方面要管住不用弃用权力的失职行为，整治不担当、不作为、慢作为、假作为，注意保护那些敢于负责、敢于担当作为的干部，对那些受到诬告陷害的干部要及时予以澄清，形成激浊扬清、干事创业的良好政治生态。

习近平总书记还要求，各级人大及其常委会要担负起宪法法律赋予的监督职责，维护国家法制统一、尊严、权威，加强对“一府两院”执法、司法工作的监督，确保法律法规得到有效实施，确保行政权、审判权、检察权得到正确行使。地方人大及其常委会要依法保证宪法法律、行政法规和上级人大及其常委会决议在本行政区域内得到遵守和执行。要加强党纪监督、行政监察、审计监督、司法监督和国家机关内部各种形式的纪律监督。要拓宽人民监督权力的渠道，公民对于任何国家机关和国家工作人员有提出批评和建议的权利，对于任何国家机关和国家工作人员的违法失职行为有向有关国家机关提出申诉、控告或者检举的权利。要健全申诉控告检举机制，加强检察监督，切实做到有权必有责、用权受监督、侵权要赔偿、违法必追究。①

（七）要健全问责机制

习近平总书记强调："坚持有责必问、问责必严，把监督检查、目标考核、责任追究有机结合起来，形成法规制度执行强大推动力。"②问责的内容、对象、事项、主体、程序、方式都要制度化、程序化。问责既要对事、也要对人，要问到具体人头上。要把法规制度执行情况纳入党风廉政建设责任制检查考核和党政领导干部述职述廉范围，通过严肃追究主体责任、监督责任、领导责任，让法规制度的力量在反腐倡廉建设中得到充分释放。纪律检查机关要加大监督检查力度，对有令不行、有禁不止的，不仅要严肃查处直接责任人，而且要严肃追究相关领导人员的责任。③

（八）要让铁规发力、让禁令生威

习近平总书记尖锐地指出，要狠抓制度执行，扎牢制度篱笆，真正让铁规发力、让禁令生威。在执法办案各个环节都要设置隔离墙、通上高压线，谁违反制度就要给谁最严厉的处罚，终身禁止从事法律职业，构成犯罪的要依法追究刑事责任。④"要坚决严肃查处，不以权势大而破规，不以问题小而姑息，不以违者众而放任，不留'暗门'、不开'天窗'，坚决防止'破窗效应'。"⑤

（九）要坚持常抓不懈，形成尊崇制度、遵守制度、捍卫制度的良好氛围

习近平总书记指出，就像我们反对"四风"一样，很多问题早就有制度规定，大吃大喝问题抓了多少年了？抓一抓好一点，过一段又反弹，顽固得

① 参见习近平：《论坚持全面依法治国》，中央文献出版社 2020 年版，第 75 页。

② 中共中央纪律检查委员会、中共中央文献研究室编：《习近平关于严明党的纪律和规矩论述摘编》，中央文献出版社、中国方正出版社 2016 年版，第 125 页。

③ 参见习近平：《论坚持全面依法治国》，中央文献出版社 2020 年版，第 156 页。

④ 参见习近平：《论坚持全面依法治国》，中央文献出版社 2020 年版，第 57 页、第 49 页。

⑤ 中共中央纪律检查委员会、中共中央文献研究室编：《习近平关于严明党的纪律和规矩论述摘编》，中央文献出版社、中国方正出版社 2016 年版，第 90 页。

很。这次中央下决心抓“四风”问题，特别强调要建立和执行制度，而且要常抓不懈。要抓好制度的执行、落实，还必须落实监督制度。要加强全党的制度意识教育，加强制度文化建设，“形成尊崇制度、遵守制度、捍卫制度的良好氛围”。[①]

（十）要抓好党员和领导干部这个“关键少数”

习近平总书记强调，要“使所有党员干部严格执行党规党纪、模范遵守法律法规。”[②]“领导干部不论职务多高、资历多深、贡献多大，都要严格按法规制度办事。”[③]习近平要求中央政治局的同志、中央委员会的同志在增强制度意识方面带好头、做好表率。他还强调，上面没有先做到，要求下边就没有说服力和号召力，要求全党做到的，中央政治局首先要做到。[④]“对每个领导干部，都要加强民主集中制的教育培训，使他们熟悉民主集中制的规矩，懂得民主集中制的方法……对贯彻民主集中制不力、发生重大偏差和失误的班子和个人，要追究责任。”[⑤]

习近平总书记强调，要抓好领导干部这个“关键少数”。从纪检、巡视、审计情况看，一些单位和领导仍然存在执行法规制度不坚决、不全面、不到位，甚至以言代法、以权压法、徇私枉法等现象，必须坚决加以纠治。[⑥]各级干部特别是领导干部必须带头尊崇宪法、学习宪法、遵守宪法、维护宪法、运用宪法。领导干部要做尊法学法守法用法的模范。一个人纵有天大的本事，如果没有很强的法治意识、不守规矩，也不能当领导干部，这个关首先要把住；决不能让那些法治意识不强、无法无天的人一步步升上来，这种人官当得越大，对党和国家的危害就越大；要把能不能遵守法律、是否善于依法办

① 中共中央纪律检查委员会、中共中央文献研究室编：《习近平关于严明党的纪律和规矩论述摘编》，中央文献出版社、中国方正出版社 2016 年版，第 89 页。

② 中共中央纪律检查委员会、中共中央文献研究室编：《习近平关于严明党的纪律和规矩论述摘编》，中央文献出版社、中国方正出版社 2016 年版，第 60 页。

③ 中共中央纪律检查委员会、中共中央文献研究室编：《习近平关于严明党的纪律和规矩论述摘编》，中央文献出版社、中国方正出版社 2016 年版，第 103 页。

④ 参见中共中央纪律检查委员会、中共中央文献研究室编：《习近平关于严明党的纪律和规矩论述摘编》，中央文献出版社、中国方正出版社 2016 年版，第 98 页。

⑤ 中共中央纪律检查委员会、中共中央文献研究室编：《习近平关于严明党的纪律和规矩论述摘编》，中央文献出版社、中国方正出版社 2016 年版，第 97 页。

⑥ 参见习近平：《论坚持全面依法治国》，中央文献出版社 2020 年版，第 161 页。

事作为考察干部的重要内容，在相同条件下，优先提拔使用法治素养好、依法办事能力强的干部。要彻底改变少数人过去那种胆大妄为、无法无天的领导方式、用权方式和行为方式。要加强对领导干部的宪法知识和宪法意识教育，提高他们运用法治思维和法治方式深化改革、推动发展、化解矛盾、维护稳定的能力，努力推动形成办事依法、遇事找法、解决问题用法、化解矛盾靠法的良好法治环境，绝不允许以言代法、以权压法、逐利违法、徇私枉法。[①]

各级特别是领导干部要带头尊法学法守法用法，做到心有所畏、言有所戒、行有所止。要按规则正确用权、谨慎用权、干净用权。这轮改革的一个重要方面，就是抓住治权这个关键，把权力运行制约和监督体系搞严实。纪检、巡视、审计部门要利剑高悬，履行好监督职能。各级领导干部要自觉接受监督，乐于接受监督。[②]要发挥领导干部在依法治国和以德治国中的关键作用。领导干部既应该做全面依法治国的重要组织者、推动者，也应该做道德建设的积极倡导者、示范者。要坚持把领导干部带头学法、模范守法作为全面依法治国的关键，推动领导干部学法经常化、制度化。以德修身、以德立威、以德服众，是干部成长成才的重要因素。领导干部要努力成为全社会的道德楷模，带头践行社会主义核心价值观，讲党性、重品行、作表率，带头注重家庭、家教、家风，保持共产党人的高尚品格和廉洁操守，以实际行动带动全社会崇德向善、尊法守法。[③]还必须加强对“一把手”错误使用权力的问责制度建设，要“整合问责制度，健全问责机制，坚持有责必问、问责必严”。[④]

（十一）要增强遵守和执行制度的道德自觉

要提高全民法治意识和道德自觉。法律要发挥作用，首先全社会要信仰法律；道德要得到遵守，必须提高全体人民的道德素质。要加强法治宣传教育，引导全社会树立法治意识，使人们发自内心信仰和崇敬宪法法律；同时，要加强道德建设，弘扬中华民族传统美德，提升全社会思想道德素质。要坚

① 参见习近平：《论坚持全面依法治国》，中央文献出版社 2020 年版，第 207~208 页。
② 参见习近平：《论坚持全面依法治国》，中央文献出版社 2020 年版，第 159~160 页。
③ 参见习近平：《论坚持全面依法治国》，中央文献出版社 2020 年版，第 167~168 页。
④ 习近平：《论坚持全面深化改革》，中央文献出版社 2018 年版，第 233 页。

持把全民普法和全民守法作为依法治国的基础性工作，使全体人民成为社会主义法治的忠实崇尚者、自觉遵守者、坚定捍卫者。要深入实施公民道德建设工程，深化群众性精神文明创建活动，引导广大人民群众自觉践行社会主义核心价值观，树立良好道德风尚，争做社会主义道德的示范者、良好风尚的维护者。在党内，习近平强调："坚持思想建党和制度治党紧密结合。从严治党靠教育，也靠制度，二者一柔一刚，要同向发力、同时发力。"① 为加强党内法规制度建设，"思想教育要结合落实制度规定来进行"，② 将增强广大党员法规制度认同作为思想政治工作的重要内容，提高执行的自觉性，"使加强思想建党的过程成为加强制度治党的过程"。③

综上，习近平制度建设理论凝结着我们党领导人民推进制度建设的宝贵经验，表明我们党对制度建设规律的认识达到了新高度，是习近平新时代中国特色社会主义思想、习近平法治思想的有机组成部分，是马克思主义国家与法的学说中国化的最新理论成果，是新时代加强我国制度建设、夯实中国之治的制度根基、推进国家治理现代化的根本遵循。

① 《十八大以来重要文献选编》(中)，中央文献出版社 2016 年版，第 94 页。
② 《十八大以来重要文献选编》(中)，中央文献出版社 2016 年版，第 95 页。
③ 《十八大以来重要文献选编》(中)，中央文献出版社 2016 年版，第 95 页。

◉ 第二章 ◉

制度现代化的重大意义与实现路径

实现中华民族伟大复兴，必须建立符合我国实际的先进社会制度。党的十八届三中全会深刻提出全面深化改革的总目标是完善和发展中国特色社会主义制度，推进国家治理体系和治理能力现代化。党的十九大进一步描绘了实现“两个一百年”奋斗目标、实现中华民族伟大复兴的中国梦的宏伟蓝图。党的二十大指出，从现在起，中国共产党的中心任务就是团结带领全国各族人民全面建成社会主义现代化强国、实现第二个百年奋斗目标，以中国式现代化全面推进中华民族伟大复兴。中国特色社会主义制度集中体现了中国特色社会主义的特点和优势，中国梦的实现需要制度现代化的支撑和推进。对此，我们要不断坚持和完善中国特色社会主义制度，着力革除体制机制的弊端，使中国特色社会主义制度模式更加完善，优势更加明显，为中国梦的实现注入制度现代化的动力。

一、制度现代化的政治意义

党的十九大提出了新时代坚持和发展中国特色社会主义的基本方略，确定了决胜全面建成小康社会、开启全面建设社会主义现代化国家新征程的目标，对新时代推进中国特色社会主义伟大事业和党的建设新的伟大工程作出了全面部署。党的二十大报告指出，在新中国成立特别是改革开放以来长期探索和实践的基础上，经过党的十八大以来在理论和实践上的创新突破，我们党成功推进和拓展了中国式现代化。

（一）实现国家治理体系和治理能力现代化是现代化强国的核心内容

党的十八届三中全会明确提出“国家治理体系和治理能力现代化”的重要理念。党的十九大对2020年到21世纪中叶作出“两步走”的重大安排，其中“各方面制度更加完善，国家治理体系和治理能力现代化基本实现”是第一阶段基本实现社会主义现代化的目标之一，第二阶段富强民主文明和谐美丽的社会主义现代化强国明确要求“实现国家治理体系和治理能力现代化”。有了科学的国家治理体系才能孕育高水平的治理能力，不断提高国家治理能力才能充分发挥国家治理体系的效能……解决中国各种问题，实现各项既定目标，关键要靠国家治理体系和治理能力的现代化。[①] 因此，实现国家治理体系和治理能力现代化是建设社会主义现代化强国的核心内容。另外，国家治理现代化的实质就是制度现代化，就是不断把中国特色社会主义各方面的制度优势转化为治理国家的效能。因此，社会主义现代化强国对国家治理体系和治理能力现代化的内在要求，在本质上可以理解为对制度现代化的路径依赖。以国家治理体系和治理能力现代化为中介，社会主义现代化强国和制度现代化实现了有机衔接。

（二）制度现代化是解决我国社会主要矛盾的重要途径

党的十九大报告深刻指出：“中国特色社会主义进入新时代，我国社会主要矛盾已经转化为人民日益增长的美好生活需要和不平衡不充分的发展之间的矛盾。”根据矛盾原理，矛盾的两方面中，必有一方面居于主要地位，另一方面居于次要地位。有效解决矛盾，必须紧紧抓住矛盾的主要方面。就我国社会主要矛盾中的对立双方而言，不平衡不充分的发展是矛盾的主要方面。因此，化解当前我国社会的主要矛盾，关键就在于努力实现更加平衡和充分

---

① 参见江必新：《国家治理现代化基本问题研究》，载《中南大学学报（社会科学版）》2014年第3期。

的发展。制度现代化能够为发展提供助推和保障。一方面，稳定是发展的前提，而制度的功能之一即是为国家、社会组织以及个人提供行动指南，确保各类主体行为的规范性和结果的可预期性，在总体上实现社会环境的稳定有序。另一方面，科学合理的制度能够提供恰当的激励，有效激发各类主体的发展积极性和能动性，及时固定发展成果，为发展提供内生动力。制度现代化通过对发展的有效推动，成为化解我国社会主要矛盾的重要途径。

（三）制度现代化是法治国家、法治政府、法治社会的建设路径

法治国家、法治政府、法治社会基本建成，是党的十九大明确的基本实现社会主义现代化的目标之一。法治国家要求国家权力由宪法和法律赋予，依照法律的程序规定行使，并对行使公权力的行为承担相应的法律责任。法治政府是依法设立，职权由法律赋予且依法行使，对其行为承担法律责任的政府。法治社会是指公民、法人和其他社会组织依照法律行使权利、履行义务，依法承担社会责任，依法办事、依法解决纠纷，推动社会治理依法进行。法治国家、法治政府、法治社会不可能凭空建成，而必须在中国特色社会主义法治理论的指导下，在各自的领域内依托一定的制度和制度体系实现生成和发展。离开一项项具体的制度，法治国家、法治政府、法治社会只能停留在观念层面，甚至沦为空洞的口号。党的十九大明确提出到 2035 年“法治国家、法治政府、法治社会基本建成”的发展目标，内含了对制度现代化的重视和需求。

（四）贯彻落实党的二十大精神需要制度保障

党的二十大围绕经济、政治、文化、民生、生态、国家安全、全面从严治党等方面作出一系列重大部署，就国防和军队建设、港澳台工作、外交工作等作出一系列重大安排。这一整体布局进一步指明了党和国家事业的前进方向，是我们党团结带领全国各族人民在新时代坚持和发展中国特色社会主义的政治宣言和行动纲领。有效落实这一整体布局，一方面要始终坚持习近平新时代中国特色社会主义思想的指导，以习近平新时代中国特色社会主义思想统揽各方面工作；另一方面，要紧密结合各条线布局的工作实际和发展重点，坚持问题导向，不断推进制度的创新、改革和完善。具体而言，对于二十大在各条线部署的新举措，需要通过创设新制度予以落地；而对于已有各项举措的加强和深化，则需要通过改革和完善，赋予旧制度以新内容，努力实现新成效。

（五）把制度建设贯穿党的建设全过程和各方面

如前所述，党的十九大就新时代党的建设提出了总要求和具体措施，其中明确指出要“把制度建设贯穿其中”。坚持把制度建设贯穿党的建设的全过程和各方面，是我们党管党治党的经验总结和一贯做法。邓小平同志曾经深刻指出：“领导制度、组织制度问题更带有根本性、全局性、稳定性和长期性。这种制度问题，关系到党和国家是否改变颜色，必须引起全党的高度重视。”[①]党的二十大提出完善党的自我革命制度规范体系，更加凸显了制度建设对新时代党的建设的重大意义。将制度建设贯穿新时代党建全过程和各方面，一是要进一步培养广大党员的制度观念，增强党员遵章守纪意识，积极构建尊重制度、崇尚制度、自觉执行制度的良好氛围；二是要在党章的统领下，不断建立健全党内各方面具体制度，提高党内制度的供给水平，确保党组织和党员个人的活动均有章可循、有据可查；三是要加强制度的执行，坚持制度面前人人平等，执行制度不打折扣，确保制度落地生根。

二、制度现代化的理论意义

制度是国家治理和社会治理的根本支撑，制度完善与成熟的程度，是衡量国家和社会成熟与完善程度的关键标准。[②]“制度建设是人类进步的根本标志。”[③]当前和今后一段时期，我国制度建设的目标就是实现制度现代化。所谓制度现代化，通俗而言，即是指不断增强制度的科学性、规范性、有效性、系统性、整体性、协调性、有机性等，使制度顺应乃至引领整个国家和社会的现代化发展步伐。在这个意义上，可以说国家治理现代化的实质就是制度现代化。制度现代化的重大意义主要表现在以下几方面。

---

① 《邓小平文选》（第二卷），人民出版社 1994 年版，第 333 页。

② 参见包心鉴：《制度现代化：国家治理现代化的实质与指向》，载《社会科学研究》2015 年第 2 期。

③ 江必新：《制度现代化是全面推进依法治国的核心要求》，载《红旗文稿》2014 年第 20 期。

（一）制度现代化是共产党人的初心之所在

中国共产党人的初心和使命，就是为中国人民谋幸福，为中华民族谋复兴。20世纪初期，我们党通过对中国社会的深刻分析，认为只有社会主义才能解决中国的问题，才是实现民族独立和人民解放、国家富强和人民幸福的正确道路。社会主义制度的建立成为中华民族自近代以来逐步改变命运的根本前提。新中国成立后，由于我们没有建设社会主义国家的经验，照搬苏联模式治理国家，尽管取得了不少成就，但社会主义制度的优越性并没有完全体现出来。改革开放以来，我们不再走老路，更不走邪路，而是积极探索并始终坚持中国特色社会主义道路，通过对资本主义、苏联模式的扬弃，明确贫穷不是社会主义，不断完善中国特色社会主义制度，在40多年的时间里取得了举世瞩目的成就，广大人民的生活水平大幅提升，国家综合国力显著增强，中国特色社会主义制度的巨大优越性愈发显现。与此同时，我们也必须看到，面对人民日益增长的美好生活需要，面对日趋激烈的国际竞争，中国特色社会主义制度在不少方面还存在缺点和不足，有些方面甚至成为制约改革和发展的重要因素。因此，通过制度现代化为国家事业发展、人民幸福安康、社会和谐稳定提供一套更完备、更稳定、更管用的制度体系，既是现代化的路径选择，更是中国共产党人的初心所在、使命所系。①

（二）制度现代化是现代化强国的重要支撑

现代化强国的内涵十分广泛，概括起来，就是在物质、制度和文化三个方面均实现现代化。因此，制度现代化是现代化强国的必然要求，而制度现代化同时也为建设现代化强国提供重要支撑。物质、制度、文化是社会系统的三项基本要素，它们的关联构成社会基本结构。一方面，物质是生存的基础、发展的对象，人类迄今为止的一切活动无不围绕着物质生产进行。但物质生产要求制度提供保障，要求制度的规范调节与物质生产的本性、趋向、目标相一致。制度是为物质生产服务的，反过来又制约着物质生产的发展。物质生产不能离开制度，而制度则可能促进物质生产的增长。另一方面，任何制度都包容、象征、实现着文化观念，其中包括发展目标。人们依据观念

① 参见江必新：《国家治理现代化基本问题研究》，载《中南大学学报（社会科学版）》2014年第3期。

的蓝图建构制度，制度则强化着作为意识形态的观念，并因其所承袭的文化传统的不同而使自己具有不同的特色。发展目标首先以观念的形式表现出来，却只有通过制度才能在现实中得到落实。综上，制度在社会发展中具有重大作用，具有沟通物质和文化的辐射力量。正是在这个意义上，构建系统完备、科学规范、运行有效的制度体系就成为现代化强国的重要支撑。①

（三）制度现代化是满足人民日益增长的美好生活需要的重要保障

当前，我国社会主要矛盾已经发生了转变。人民不仅对物质文化生活提出了更高要求，而且在民主、法治、公平、正义、安全、环境等方面的要求也日益增长。人民在上述方面的需求均与相关领域制度供给的能力密切相关。申言之，民主和法治不仅要求在自身范畴之内建立健全相关制度，如党内民主制度、协商民主制度、立法制度、司法制度、执法制度等，同时也要求不断完善与之相适应的配套性制度，形成具备体系性和互补性的制度群；公平和正义作为人类永恒的价值追求，其只有依靠制度才能真正落实在现实生活中，制度的内容决定着公平正义的保障范围，制度的实施决定着公平正义的保障程度，制度是实现公平正义的有效抓手；作为保障安全的压舱石，社会整体环境的和谐稳定需要制度提供权威性和规范性支持，而人民的人身和财产安全更需要制度提供可预见性和强制性保障。因此，满足人民日益增长的美好生活需要，必然要求不断增加制度供给，有效提供制度保障。

（四）制度现代化是综合国力的内在要素

所谓综合国力，通俗地说，就是各个国力要素综合组成的国家实力，是指一个主权国家生存与发展所拥有的全部实力及国际影响的合力，它反映了一个国家在国际社会中的地位和作用。构成综合国力的要素涉及面很广，如政治力、经济力、科技力、文化力、军事力、外交力、资源力等，这些要素都是构成综合国力不可或缺的因素。② 从表面上看，制度现代化似乎并不在综合国力的范畴之内，但实质上综合国力任何一方面要素的增强，均离不开制度现代化的作用。一方面，政治、经济、科技、文化等各方面国力的现代

① 参见江必新：《“把制度建设摆在突出位置”的若干思考》，载《中国社会科学》2013 年第 1 期。

② 参见田宪臣：《邓小平“综合国力论”》，载《社会主义研究》1997 年第 5 期。

化不仅是物质层面的丰富，当然更要求提升相关领域制度的科学性、有效性、适应性、调适性等；更重要的是，制度现代化为综合国力各方面要素的现代化提供方向性和规范性指引，成为它们自身现代化的内在推动力。因此，我们可以说制度现代化是综合国力的内在组成要素。

（五）制度现代化是国际影响力的重要组成部分

当今世界的竞争归根到底是制度的竞争。国际竞争表面上是技术和力量的竞争，实质是制度的竞争。通过制度现代化形成制度优势，是在竞争中取得有利地位的根本保证。制度优势是一个国家软实力的集中体现。软实力对内表现为一个国家、一个民族的生命力、创造力和凝聚力，对外表现为一个国家在意识形态、发展模式、民族文化、外交方针等方面被国际社会认可的程度。事实证明，一个国家被认为具有软实力，真正得到认可，根本原因在于制度优势。[①] 目前，我国正处于和平崛起的伟大进程当中，我国的国际影响力不断增强，并日益走向国际舞台的中心。一方面，作为一个负责任的社会主义大国，我国在和平崛起的进程中，不“输入”外国模式，也不“输出”中国模式，不会要求别国“复制”中国的做法。另一方面，我们通过不断完善中国特色社会主义制度持续开创发展新局面，进而全面展现我国制度的先进性，用实实在在的发展成效赢得国际社会对我国制度的尊重和认可，借助制度现代化促进我国国际影响力的增强。

三、制度现代化的实现路径

制度现代化不可能一蹴而就，而是需要通过不断的探索和努力，逐步实现发展和完善。在建设和发展新时代中国特色社会主义的大背景下，有效推进我国各方面制度的现代化，需要重点做好以下八方面工作。

（一）中国特色社会主义的自信与发展

中国特色社会主义是我们党带领人民历经千辛万苦找到的实现中华民族伟大复兴的中国梦的必由之路，是实现我国社会主义现代化的必由之路，是

① 江必新：《制度现代化是全面推进依法治国的核心要求》，载《红旗文稿》2014 年第 20 期。

创造人民美好生活的必由之路。我国制度现代化的时代背景就是中国特色社会主义。习近平总书记明确指出："中国特色社会主义是改革开放以来党的全部理论和实践的主题，全党必须高举中国特色社会主义伟大旗帜，牢固树立中国特色社会主义道路自信、理论自信、制度自信、文化自信，确保党和国家事业始终沿着正确方向胜利前进。"[①] 推进制度现代化，必须树立坚定的信心，这种信心根源于对中国特色社会主义美好前景的坚定信念，只要我们始终坚持中国特色社会主义，我国的制度现代化就一定能够实现。另外，发展着的中国特色社会主义为制度现代化提供了理论依据和实践空间，制度现代化既要为中国特色社会主义的发展提供助推力，其自身也必须自觉融入中国特色社会主义的发展大潮之中，在中国特色社会主义的宏伟进程中实现自身的转型升级。

（二）国家意志与人民意志的协调

中国共产党除了工人阶级和最广大人民群众的利益，没有自己特殊的利益。党的十八大以来，习近平总书记反复强调人民对美好生活的向往就是全党的奋斗目标。以人民为中心的发展思想既是习近平新时代中国特色社会主义思想的重要内容，也是新时代坚持和发展中国特色社会主义的基本方略。我国是中国共产党领导下的社会主义国家，我国的国家意志集中体现在宪法和法律之中，而宪法和法律是由党带领人民制定的，党和人民都在宪法和法律的框架内活动，因此，我国的国家意志和人民意志在本质上是统一的，国家的一切行为在根本上都是为人民谋幸福、为民族谋复兴，国家的发展进步在根本上依赖于人民的创造和劳动。我们在新时代推进制度现代化，必须始终坚持国家意志和人民意志的有机统一，而不能人为割裂国家意志和人民意志，要让制度真正成为落实国家意志和人民意志的有效载体。

（三）理想与现实的关照

中国共产党一经成立，就把实现共产主义作为党的最高理想和最终目标。习近平总书记在庆祝中国共产党成立95周年大会的重要讲话中深刻指出："坚持不忘初心、继续前进，就要牢记我们党从成立起就把为共产主义、

---

① 习近平：《高举中国特色社会主义伟大旗帜 为决胜全面小康社会实现中国梦而奋斗》，载《人民日报》2017年7月28日第1版。

社会主义而奋斗确定为自己的纲领，坚定共产主义远大理想和中国特色社会主义共同理想，不断把为崇高理想奋斗的伟大实践推向前进。”[①]坚定追求远大理想，要在不断筑牢对共产主义坚定信念的基础上，始终坚持实事求是，立足我国的现实国情，脚踏实地一步一步推进。当前，我国社会的主要矛盾虽然已经转变，但我国仍处于并将长期处于社会主义初级阶段，社会主义初级阶段仍然是我国的最大国情和最大实际。这是我们推进各项工作都必须始终坚持的实践基础。在制度现代化建设的进程中，我们一方面要树立长远眼光，坚持用共产主义这一远大理想来观照当前的制度构建和制度改革；另一方面，要牢牢立足于社会主义初级阶段的国情和实际，更准确地把握我国社会主义初级阶段不断变化的特点，坚持问题导向，不断提升制度现代化的针对性和有效性，以制度现代化更好地实现各项事业全面发展。

（四）良法与善治的对接

制度现代化在范围上包括政治、经济、文化、法律等诸多方面，特别是法律制度的现代化，其不仅是制度现代化的重要内容，更为政治、经济等其他方面的制度现代化提供服务和保障。在一定程度上，可以说法律制度现代化对制度现代化具有基础性作用。所谓法律制度的现代化，在本质上即是要制定和发展良法，以良法行善治。习近平总书记深刻指出：“不是什么法都能治国，不是什么法都能治好国；越是强调法治，越是要提高立法质量。”[②]对此，必须完善立法规划，突出立法重点，坚持立改废并举，提高立法科学化、民主化水平，提高法律的针对性、及时性、系统性；完善立法工作机制和程序，扩大公众有序参与，充分听取各方面意见，使法律准确反映经济社会发展需求，更好协调利益关系，发挥立法的引领和推动作用；注重提升法律规范的可操作性、可接受性、实施资源的配套性以及规范的自我实现动力与能力，为法律实施提供强有力的体制、人员与物质保障，通过良法所具有的利益导向机制规制引导行为向善，促使行为人选择最理性、最有利的行为方式，以程序性机制实现对实体问题的公正处理，以制度性手段使行为趋于

① 习近平：《在庆祝中国共产党成立95周年大会上的讲话》，载《求是》2021年第8期。

② 中共中央宣传部、中央全面依法治国委员会办公室编：《习近平法治思想学习纲要》，人民出版社、学习出版社2021年版，第81页。

理性化，[①] 通过良法与善治的相得益彰为制度现代化提供法治保障。

（五）问题导向与系统思维的考量

在制度现代化的过程中强调问题导向，具体包括两方面内容。第一，对于制度供给阙如的领域，制度现代化就是要积极制定科学合理的制度，保障制度供给。而在制定相应制度之前，必须对该领域所存在的需要解决的问题进行深入调研、全面把握，始终瞄准问题所在，以解决问题作为制度供给的方向和目标，如此才能保证新制度的针对性和有效性。第二，对于已经存在的旧制度，制度现代化就是要对制度进行改革和完善，而改革和完善也同样要以问题为导向，奔着问题去，朝着问题改，通过为旧制度打补丁，赋予旧制度以新功能。此外，任何一项制度本身都由不同的要素所组成，同时其也是自身所在的制度系统中的一项要素。因此，在制度现代化的过程中还应该站在整体和全局的角度，考察制度内部各要素间的关系，以及该制度要素与其他相关制度要素间的关系，通过优化要素配置，增强各要素间的有机性、协调性、互补性，不断提升制度本身及制度群的整体效用。

（六）改革与定型的统筹

党的十九大报告明确提出："坚决破除一切不合时宜的思想观念和体制机制弊端，突破利益固化的藩篱，吸收人类文明有益成果，构建系统完备、科学规范、运行有效的制度体系，充分发挥我国社会主义制度优越性。"对此，我们必须始终把改革作为推进制度现代化的重要路径，不断凝聚改革共识，汇聚更多改革力量，敢啃硬骨头，敢于涉险滩，统筹顶层设计和摸着石头过河，统筹整体推进和重点突破，充分调动广大人民群众的积极性和主动性，通过改革补强制度短板、堵塞制度漏洞，推动中国特色社会主义制度不断实现自我完善和发展。另外，要正确认识到改革的最终目的在于使各方面制度更加成熟更加定型，改革是手段，建立成熟定型的制度是目标。在通过改革实现制度现代化的进程中，要注重对具体改革举措的必要性和合理性的分析，对于看准了的问题要全力以赴通过改革予以解决，对于已经被实践证明科学管用的制度，则要注重维护制度的稳定性和权威性，决不能朝令夕改，为了

---

① 参见江必新：《全面推进依法治国若干问题的思考》，载《科学社会主义》2015 年第 5 期。

改革而改革。

（七）理论与实践的互动

中国特色社会主义理论体系是指导党和人民实现中华民族伟大复兴的正确理论，我国制度现代化的时代背景就是中国特色社会主义，我们所推进的制度现代化也是中国特色社会主义各领域制度的现代化，因此，制度现代化必须始终坚持以中国特色社会主义理论体系为指导。在当前和今后一个时期，坚持中国特色社会主义理论体系的指导，最重要的就是要始终坚持以习近平新时代中国特色社会主义思想武装头脑、指导实践、推动工作，确保制度现代化符合新时代要求、助推新时代发展、引领新时代潮流。与此同时，中国特色社会主义理论体系具备与时俱进的时代品格。对此，要遵循马克思主义唯物辩证法关于理论和实践关系的经典阐释，在推进制度现代化的丰富实践中不断深化对中国特色社会主义理论体系的认识，为理论的未来发展积累有效经验、奠定实践基础，通过理论与实践的互动加快制度现代化的进程。

（八）制度体系现代化与制度执行力现代化的合一

党的十八大以来，以习近平同志为核心的党中央总揽战略全局，把握发展大势，围绕改革发展稳定、内政国防外交、治党治国治军等各个方面部署了一系列重大举措，进一步健全和发展了中国特色社会主义制度体系，在治国理政道路上开辟出全新征程。另外，随着人民对美好生活的需求日益增长，我国国家治理诸领域的制度供给压力也更为明显，制度创设的进程有待进一步加快；同时，已有的各项制度尚未完全落实到位，制度的预期成效未能完全显现，少数地方或部门甚至存在打折扣、搞变通等问题。对此，我们要紧紧围绕我国社会主要矛盾的转变，全面、准确把握新时代人民群众对各领域制度的需求，将人民群众的制度需求转化为加快推进制度创设的动力，以需求为牵引，有效保障制度供给，防止出现因制度供给阙如造成行为失范、秩序紊乱的现象，着力建设“高质量的制度体系”。要贯彻落实党的二十大精神，不断提升工作的自觉性和主动性，把雷厉风行和久久为功结合起来，把自主落实与督促检查结合起来，以钉钉子精神做实做细做好各项工作，确保制度的各项要求不折不扣落到实处，有效实现治国理政各个领域的制度成效，将制度优势顺利地转化为治理效能。

◉ 第三章 ◉

制度体系现代化

习近平总书记提出，坚持在法治轨道上推进国家治理体系和治理能力现代化，强调用“中国之制”支撑“中国之治”，[①] 要筑法治之基、行法治之力、积法治之势，促进各方面制度更加成熟更加定型，为党和国家事业发展提供长期性的制度保障。[②] 国家治理体系和治理能力是一个国家制度和制度执行能力的集中体现。[③] 经国序民，正其制度。“坚持和完善中国特色社会主义制度、推进国家治理体系和治理能力现代化，是关系党和国家事业兴旺发达、国家长治久安、人民幸福安康的重大问题。”[④] 在我国革命、建设、改革的各个历史时期，党和国家都十分重视制度建设。党的十八大以来，我们党把制度建设摆到更加突出的位置。习近平总书记就制度问题作出的一系列重要论述和重

---

① 张文显：《在中国法学会法学期刊研究会 2020 年年会上的讲话》，载微信公众号“中国法学杂志社”，2020 年 11 月 29 日。

② 《习近平在中央全面依法治国工作会议上强调 坚定不移走中国特色社会主义法治道路 为全面建设社会主义现代化国家提供有力法治保障》，载《人民日报》2020 年 11 月 18 日第 1 版。

③ 习近平：《习近平谈治国理政》（第一卷），外文出版社 2018 年版，第 91 页。

④ 《中共中央关于坚持和完善中国特色社会主义制度 推进国家治理体系和治理能力现代化若干重大问题的决定》，载《人民日报》2019 年 11 月 6 日第 1 版。

大部署，[①]有效推动了中国特色社会主义制度的不断完善，以及国家治理体系和治理能力现代化的明显提高。其中，在省部级主要领导干部学习贯彻党的十八届三中全会精神全面深化改革专题研讨班上，习近平总书记从“形成更加成熟更加定型的制度”上提出的“两个半程”观点，[②]即前半程我们已经建立了社会主义基本制度，后半程的主要历史任务是完善和发展中国特色社会主义制度，形成一整套更完备、更稳定、更管用的制度体系，实现了从“建立制度”到“构建制度体系”的任务转换。党的十九届四中全会研究了“坚持和完善中国特色社会主义制度、推进国家治理体系和治理能力现代化”这一重大课题，科学概括了13个方面的显著制度优势，明确了各项制度必须坚持和巩固的根本点、完善和发展的方向，并作出了工作部署，[③]这实质上是对国家制度体系建设的整体谋划与系统布局。

在新时代新发展阶段，“高质量发展”取代“高速增长”成为时代的主旋律，改革发展稳定的任务更为繁重，矛盾风险更难预测、化解与应对，外部环境更趋复杂，人民群众的要求与期待更高，国家治理也将面临更多新任务新挑战，这必然对国家制度体系有了更高的要求。党的十九届四中全会提出的制度建设的总体目标是，到2035年“各方面制度更加完善，基本实现国家治理体系和治理能力现代化”，到新中国成立一百年时“全面实现国家治理体系和治理能力现代化，使中国特色社会主义制度更加巩固、优越性充分展现”。[④]因此，我们应当比以往任何时期都要注重“制度的质量与品质”，要建设“高质量的制度体系”，提高制度自身竞争力，让中国特色制度优势更为明

① 主要有：党的十八届三中全会首次提出“推进国家治理体系和治理能力现代化”重大命题，把“完善和发展中国特色社会主义制度、推进国家治理体系和治理能力现代化”确定为全面深化改革的总目标；党的十八届五中全会进一步强调，“十三五”时期要实现“各方面制度更加成熟更加定型，国家治理体系和治理能力现代化取得重大进展，各领域基础性制度体系基本形成”；党的十九大提出了制度建设和治理能力建设的目标；党的十九届三中全会指出“必须加快推进国家治理体系和治理能力现代化，努力形成更加成熟更加定型的中国特色社会主义制度。这是摆在我们党面前的一项重大任务”；等等。

② 详见中共中央文献研究室编：《习近平关于全面深化改革论述摘编》，中央文献出版社2014年版，第27页。

③ 参见《习近平关于〈中共中央关于坚持和完善中国特色社会主义制度 推进国家治理体系和治理能力现代化若干重大问题的决定〉的说明》，载《人民日报》2019年11月6日第4版。

④ 《中共中央关于坚持和完善中国特色社会主义制度 推进国家治理体系和治理能力现代化若干重大问题的决定》，载《人民日报》2019年11月6日第1版。

显，为实现中华民族伟大复兴的中国梦提供强有力的制度保障。“制度竞争力是建立在制度质量的基础上，建立在制度服务于提升国家生产力能力的基础上，是制度本身的品质以及制度增强生产要素满足人类需要效能的能力。”[①]概言之，国家治理现代化的实质正在于制度现代化，而制度现代化须始于推进制度体系之现代化。

一、制度体系现代化的重要性与必要性

在新发展阶段提出“建设高质量制度体系”意义重大，制度体系现代化是坚持和完善中国特色社会主义制度的必然要求和重要举措，是实现国家治理现代化的重要路径和坚强保障。

（一）建设高质量的制度体系是遵循制度建设规律、持续保持制度显著优势的必然要求

根据马克思、恩格斯的相关论述，规律是事物的固有矛盾所导致的必然发展趋势，不是既成的、直接的现实，也不是实体性的存在，不直接呈现在人们的面前，人们需要通过对大量偶然现象的长期的艰苦探索和研究才能在思维中近似正确地把握它。[②]习近平总书记多次强调要深刻认识共产党执政规律、社会主义建设规律、人类社会发展规律，在认识规律、把握规律、运用规律的基础上推动党和人民的事业健康发展。[③]“坚持和完善中国特色社会主义制度、推进国家治理体系和治理能力现代化”的提出，表明我们党对三大规律的认识和把握达到了前所未有的新高度。

制度建设是人的一种社会性实践活动，有实践活动的一般规律，也有自身发生、演变、发展的特殊规律。从人类社会发展历程来看，制度建设至少呈现以下规律性：制度建设与社会发展程度相适应，制度建设与生产力发展、文化理念、人的发展等社会其他方面建设相协调，各种具体制度相协调并在

---

① 欧阳景根：《国家制度竞争力的基础要素、衡量标准与新时代的制度建设》，载《江汉论坛》2019年第10期。

② 赵家祥：《深化对人类社会发展规律的认识》，载《光明日报》2018年6月4日第15版。

③ 习近平总书记在党的十九大报告、在纪念马克思诞辰200周年大会上、在党的十九届四中全会第二次全体会议上对认识和把握社会发展规律方面提出了一系列新的思想和要求。

不同时期分重点推进，制度建设各环节依序衔接等。[①] 同时，制度建设总的趋势是由低级向高级、由落后向先进发展的。[②]

建设“高质量”的制度体系，符合我国制度建设的发展趋势，是对新时代社会发展内发产生的制度需求的回应，是依循制度建设的客观规律所作的预见。当前，我们党带领人民经过长期不懈的探索实践，已经形成了包括根本制度、基本制度、重要制度在内的中国特色社会主义制度体系。习近平总书记深刻指出，中国特色社会主义国家制度和法律制度是人类制度文明史上的伟大创造，是被实践证明了的科学制度体系，具有显著优势，需要坚持好、实施好，也需要不断完善和发展。[③] 当今世界正经历百年未有之大变局，我们党、国家和人民在前进道路上必然面临更多更大的挑战风险与阻力矛盾，对制度的需求也就从“有制度”提升为“有好的制度”“有好用的制度”。因此，必须高度重视制度的“质”的问题，设定建设高质量制度体系的目标，在提升制度自身竞争力方面下更大功夫，确保制度的持续优势，给国家治理提供更为科学可行的制度方案。

（二）建设高质量的制度体系是满足人民新时代需求、全面实现国家治理现代化的可靠路径

我国是人民当家作主的中国特色社会主义国家，改革发展、国家治理、制度建设都应当以人民根本利益为依归，都要热切呼应人民对美好生活的需求，“人民对美好生活的向往，就是我们的奋斗目标”。[④] 习近平总书记在党的十八届五中全会首次明确提出了“以人民为中心的发展思想”，之后在多个场合从各个角度作了不同侧重点的阐述。满足人民的需求，是习近平“以人民为中心发展思想”的目标。新时代，社会主要矛盾发生转化，人民需求变得

① 徐斌、刘海军：《制度建设的特征、规律及评价标准》，载《北京师范大学学报（社会科学版）》2012 年第 1 期。

② 徐斌：《简论制度建设的规律》，载《理论视野》2012 年第 4 期。

③ 参见习近平：《坚持、完善和发展中国特色社会主义国家制度与法律制度》，载《求是》2019 年第 23 期。

④ 习近平：《人民对美好生活的向往就是我们的奋斗目标》，载《人民日报》2012 年 11 月 16 日第 4 版。

更加多元复杂，[1] 不仅对物质文化生活有了更高需求，对民主、法治、公平、正义、安全、环境等方面的渴望和需求也日益增长，而这些需求的满足都与相关领域的制度供给能力密不可分。[2] 制度体系建构，应当基于人民的立场主动思考人民的现实制度需求，[3] 并予以有效回应。新时代人民需求的满足、权益的保护，必须有高质量的制度供给作为保障。

国家治理现代化离不开制度现代化的支撑和推进，制度现代化应当顺应乃至引领整个国家和社会的现代化发展步伐。[4] “制度决定一个国家走什么方向。”[5] 从党的十一届三中全会之后，我们逐步回归民主与法制建设的道路，不断强化制度与法律在国家治理中的地位。正如党的十一届三中全会所指出的，“为了保障人民民主，必须加强社会主义法制，使民主制度化、法律化，使这种制度和法律具有稳定性、连续性和极大的权威……”[6] 走进新时代，改革发展的总目标已经提升为“完善和发展中国特色社会主义制度、推进国家治理体系和治理能力现代化”。[7] 国家治理体系是在党领导下管理国家的制度体系，包括经济、政治、文化、社会、生态文明和党的建设等各领域体制机制、法律法规安排，是一整套紧密相连、相互协调的国家制度。国家治理能力则是运用国家制度管理社会各方面事务的能力，包括改革发展稳定、内政外交国防、治党治国治军等各个方面。[8] 可见，制度体系的建设极端重要，只有建立了高质量的制度体系，才能有效统合各阶层人民的利益诉求、缓和改革带来的结构性压力、促进人和社会的全面发展；才能提高国家治理能力、才能充

---

① 依照社会学家马斯洛的需求层次理论，当生理需求得到满足之后，人便开始逐层寻求安全需求、社交需求、尊重需求和自我实现需求。

② 江必新：《开启中国特色社会主义制度现代化新征程》，载《中南大学学报（社会科学版）》2018 年第 1 期。

③ 欧阳景根：《国家制度竞争力的基础要素、衡量标准与新时代的制度建设》，载《江汉论坛》2019 年第 10 期。

④ 参见江必新：《开启中国特色社会主义制度现代化新征程》，载《中南大学学报（社会科学版）》2018 年第 1 期。

⑤ 中共中央文献研究室编：《毛泽东年谱（1949—1976）》（第 4 卷），中央文献出版社 2013 年版，第 321 页。

⑥ 《中国共产党第十一届中央委员会第三次全体会议公报》，人民出版社 1978 年版，第 12 页。

⑦ 习近平：《决胜全面建成小康社会 夺取新时代中国特色社会主义伟大胜利——在中国共产党第十九次全国代表大会上的报告》，载《人民日报》2017 年 10 月 28 日第 1 版。

⑧ 参见习近平：《切实把思想统一到党的十八届三中全会精神上来》，载《求是》2014 年第 1 期。

分发挥国家治理体系的效能，全面实现国家治理现代化。

（三）建设高质量的制度体系是凝聚改革发展共识、稳步推进现代化强国建设进程的坚强保障

建设社会主义现代化强国是我们党确立的伟大目标。站在历史新的更高起点上，党的二十大对全面建成社会主义现代化强国的总的战略安排是分两步走：从2020年到2035年基本实现社会主义现代化，从2035年到本世纪中叶把我国建成富强民主文明和谐美丽的社会主义现代化强国。建设现代化强国是一项长期的、艰巨的、繁重的伟大事业，“这是一场接力跑，我们要一棒接着一棒跑下去”。[①] 在向这一宏伟目标奋勇前进的道路上，我们必然会面临超乎寻常的艰难险阻、“风雨荆棘”，这就需要通过制度力量来尽可能地凝聚全社会的改革发展共识，形成一股强大的共同投身国家建设的行动力量。“制度事关根本，关乎长远”，[②] 制度是社会整合的基本路径，[③] 要以制度权威凝聚改革的共识和力量。[④] 从现代国家发展的内在规律看，制度构成了国家能力建设的基础性保障，制度质量是决定国家能力的关键变量。[⑤] 有学者提出，国家建设的根本就是国家制度体系的成长与成熟。[⑥]

高质量制度体系除了具备制度的一般优势之外，还具有更优质的属性，比如它的价值定位以人民为中心，能满足新时代人民对民主、法治、公平、正义的需求；制度内容更加全面，更注重合目的性、合规律性、正当性、合法性、适度性、适配性、自洽性、衡平性；制度外在形式更加系统、科学、规范；制度设计更加富有层次、条块协调、可操作等。高质量制度体系蕴含的这些元素与优势，因之具备强大的内生动力与自我完善力，更能充分地释放制度的协同、整合、规范、引领、保障等功效；同时，也有条件、有能力

---

① 《习近平在庆祝改革开放40周年大会上的讲话》，载《人民日报》2018年12月19日第2版。

② 中共中央宣传部编：《习近平新时代中国特色社会主义思想学习纲要》，学习出版社、人民出版社2019年版，第237页。

③ 江必新、王红霞：《社会治理的法治依赖及法治的回应》，载《法制与社会发展》2014年第4期。

④ 江必新：《“把制度建设摆在突出位置”的若干思考》，载《中国社会科学》2013年第1期。

⑤ 唐皇凤：《构建法治秩序：中国国家治理现代化的必由之路》，载《新疆师范大学学报（哲学社会科学版）》2014年第4期。

⑥ 林尚立：《中国共产党与国家建设》，天津人民出版社2009年版，第11页。

克服制度体系可能存在的执行力不足的短板，拥有强大的制度执行力和解决实践问题能力，更能适应改革攻坚期和深水期提出的高标准要求，从而推动社会主义现代化强国的建成。

在中央全面依法治国工作会议上，习近平总书记多次强调了制度建设，包括“健全党领导全面依法治国的制度和工作机制，推进党的领导制度化、法治化”“健全国家治理急需的法律制度、满足人民日益增长的美好生活需要必备的法律制度，以良法善治保障新业态新模式健康发展”“完善预防性法律制度”“健全社会公平正义法治保障制度”等。这些指示明确了建设高质量制度体系的重点任务、方向与具体要求。

总之，高质量的制度体系，能以自身优异的制度品质助力革除弊端、促进发展，能给新时代中国特色社会主义建设提供强有力的制度保障，是推进改革发展与实现国家治理现代化进程的护航利器。因此，我们应当认识到制度体系现代化的重要性和必要性，抓住制度建设最佳时机，提升制度竞争力，扩大制度优势，“为党和国家事业发展、为人民幸福安康、为社会和谐稳定、为国家长治久安提供一整套更完备、更稳定、更管用的制度体系”。①

二、制度体系现代化的核心任务与评价标准

国家间的竞争实质上是制度的竞争，更明确地说，是制度质量的竞争。制度体系现代化的核心任务与评价标准是建设高质量制度体系。

（一）制度体系现代化的核心任务

“制度”从来就是历史的范畴，它是伴随着国家社会形态的演进，在各国统治阶级管控国家机关及其国民的各种活动进程中，逐步形成的历史产物。②从政治实践的角度，一国统治阶级通过一系列制度的安排，把统治阶级的治国理念与人民的意志具体化为各种普适的、有约束力的规则，把国家机关的

---

① 习近平：《不断提高运用中国特色社会主义制度有效治理国家的能力》，载《习近平谈治国理政》（第一卷），外文出版社 2018 年版，第 104~105 页。

② 参见［韩］河连燮：《制度分析：理论与争论》（第二版），李秀峰等译，中国人民大学出版社 2014 年版，第 29 页、第 53~55 页。

职权、职责以及各社会主体和公民的权利、义务在规则框架内进行合理配置，把一国发展进程中遇到的经济、政治、文化、社会、生态问题纳入规则体系进行消解、平衡，从而形成理性、有序、和谐的政治、经济、社会等秩序，树立一国治理模式的权威和公信力。正是从这个角度，马克思主义者认为，“不是国家制度创造了人民，而是人民创造了国家制度”。[①]基于以上内容，“制度”可以理解为一国统治者将其治国理念转化为旨在合理配置国家权力、责任以及各社会主体和公民权利、义务等资源的，化解一国发展所遇各类问题的，体现其国家性质和国家形式本质要求的，具有约束力的一系列规则总和。[②]

“制度体系”，参照制度的含义，可以理解为在改革发展和国家治理过程中形成的一系列制度的总和。关于制度体系，党的十九届四中全会作了高度提炼：一是根据制度在国家治理中的地位与发挥的作用，分为根本制度、基本制度、重要制度。[③]排在首位的是根本制度，它确认了国体与政体的本质要求，是对一国国家治理起到决定性作用的制度。根本制度常见于宪法文本，比如“社会主义制度是中华人民共和国的根本制度”“中华人民共和国的一切权力属于人民”等。基本制度是根本制度的具体化，它包含具体适用于一国经济、政治、文化、社会、生态等领域的一系列制度。比如，经济发展领域的“公有制为主体、多种所有制经济共同发展，按劳分配为主体、多种分配方式并存，社会主义市场经济体制等社会主义基本经济制度”；政治生活领域的“坚持和完善人民代表大会制度这一根本政治制度，坚持和完善中国共产党领导的多党合作和政治协商制度，巩固和发展最广泛的爱国统一战线，坚持和完善民族区域自治制度，健全充满活力的基层群众自治制度”。重要制度则是针对改革发展实践和国家治理进程中遇到的重点、难点、关键点，而适时出台解决问题，并继续推进改革和国家治理的制度。重要制度体量可观，

---

① 《马克思恩格斯全集》(第三卷)，人民出版社 2002 年版，第 40 页。

② 制度概念参考了中央编译局:《马克思恩格斯全集》(第 3 卷)，人民出版社 2002 年版，第 40 页；[韩] 河连燮:《制度分析：理论与争论》(第二版)，李秀峰等译，中国人民大学出版社 2014 年版，第 29 页、第 53~55 页；中共中央文献研究室:《毛泽东年谱（1949—1976）》(第 4 卷)，中央文献出版社 2013 年版，第 321 页；苏力:《制度是如何形成的》，北京大学出版社 2019 年版，第 53 页；等等。

③ 参见《中共中央关于坚持和完善中国特色社会主义制度 推进国家治理体系和治理能力现代化若干重大问题的决定》，载《人民日报》2019 年 11 月 6 日第 1 版。

分布在根本制度和基本制度的序列中，起到补充、强化两者在改革发展和国家治理现代化进程中的综合效用。二是根据制度在国家治理中的职能分工，可以将中国特色社会主义制度体系分列为13种制度体系，即党的领导制度体系、人民当家作主制度体系等党的十九届四中全会报告归纳的13种制度体系。① 这一套制度体系已经融入社会主义国家机器，合力协同助推国家治理体系和治理能力现代化。

制度体系现代化的核心任务是建设高质量的制度体系。“高质量制度体系”是在40多年改革发展与国家治理实践经验的总体把握基础上，对制度体系建设提出的更高要求，是新时代全面推进深化改革与国家治理的顶层制度构想。“高质量”可以概括为一种主观与客观相结合的范畴。“质”是此事物区别于彼事物的特殊的内在的客观属性，② 并且在通常情况下，事物的“质”总是会发展到一定“量”的程度或状态。“质量”的高低往往来自人（主体）对某事物具有的客观属性或发展状态所持有的主观态度，这种主观态度包括肯定的、否定的、不置可否的。在人对某事物的“质量”持有肯定的主观态度时，就认为该事物具有“高质量”；在人对某事物的“质量”给予否定评价的时候，就认为该事物“质量不高”；在人对某事物的“质量”的主观态度是不置可否的时候，就可能认为该事物“质量一般或质量平平”。

我们在理解“高质量”的时候，要牢牢把握人的主观评价与事物客观属性的统一。我们不能因为人对事物“质量”的主观态度很重要，就误以为“质量”的高低取决于人的主观评价。必须清醒地看到，人对“质量”或高或低的主观评价，也是一种建立在该事物的客观属性基础上的认识，并非纯粹主观的东西，即“高质量”具有明确的质的规定性和客观的评判标准。与此同时，这种针对事物“质量”或高或低的评价也不是个别人说了就算，“质量”的高低应当由一国多数人或多数人的代表，基于社会实践和国情的总结，对事物的客观属性或发展状态作出的评价。

由此，“高质量制度体系”可以提炼为：中国共产党领导和代表全国人民

---

① 参见《中共中央关于坚持和完善中国特色社会主义制度 推进国家治理体系和治理能力现代化若干重大问题的决定》，载《人民日报》2019年11月6日第1版。

② 参见《马克思恩格斯选集》（第一卷），人民出版社1995年版，第284~294页。

在新时代将其治国理念转化为一系列系统完备、科学规范、运行有效的制度，从而有效解决改革发展与国家治理进程中遇到的各类问题，并充分体现人民当家作主地位，满足人民日益增长的美好生活需要，充分发挥中国特色社会主义制度优越性的、具有普遍约束力的规则总和。①

（二）制度体系现代化的评价标准

衡量制度现代化水平需要以制度质量高低作为主要评判标准。高质量制度体系是一个主观评价与客观属性相结合的范畴，因而需要设定评价制度质量高低的具体标准，以此作为科学建构制度体系的“鲁班尺”。党的十八大以来，尤其是党的十九大、党的十九届四中全会，党中央明确提出“构建系统完备、科学规范、运行有效的制度体系”。② 为实现此目标，现从实质标准和形式标准两大方面来设想高质量制度体系的衡量标准。

1. 高质量制度体系的实质标准

高质量制度体系的实质标准是隐略对形式要件的观察，侧重对制度实质追求的理性考量，包括合目的性、合规律性、合正义性、合法性、合乎理性、适配性、自洽性、衡平性等标准。

（1）合目的性标准

合目的性标准，是指制度体系建设应当合乎满足人民需求的终极目的。马克思指出：“在社会历史领域内进行活动的，是具有意识的、经过思虑或凭激情行动的、追求某种目的的人；任何事情的发生都不是没有自觉的意图，没有预期的目的的。”③ 这启发了关于人类行为目的性的思考。从人与社会的角度，合目的性是指人类改造世界、从事社会实践活动都要合乎终极目标和追求，而这个终极追求指向——人类的解放和全面的自由。合目的性主要关注动机和目的是否正当、是否合理的问题，是一个价值论的范畴。

---

① 参见习近平：《决胜全面建成小康社会 夺取新时代中国特色社会主义伟大胜利——在中国共产党第十九次全国代表大会上的报告》，载《人民日报》2017 年 10 月 28 日第 1 版；《中共中央关于坚持和完善中国特色社会主义制度 推进国家治理体系和治理能力现代化若干重大问题的决定》，载《人民日报》2019 年 11 月 6 日第 1 版等。

② 《中共中央关于坚持和完善中国特色社会主义制度 推进国家治理体系和治理能力现代化若干重大问题的决定》，载《人民日报》2019 年 11 月 6 日第 1 版。

③ 《马克思恩格斯文集》（第四卷），人民出版社 2009 年版，第 302 页。

制度体系构建，作为人类的一项实践活动（人的实践活动，实质上是由“目的”出发通过手段向结果运行，并将“目的”观念形态转化为合乎人民需要的现实存在的过程），当然也应当基于一定的目的，同时追求能实现一定的目的。我们建构高质量制度体系是为了实现中华民族伟大复兴、建设社会主义现代化强国，是为了满足人民群众的需求、实现国家的长治久安等，其根本价值旨在满足人民的需求，实现人的自由和全面发展。如果脱离这些目标，制度将会失去存在的价值和意义。

国家制度体系中的骨干工程是法治体系。“我国社会主义法治凝聚着我们党治国理政的理论成果和实践经验，是制度之治最基本、最稳定、最可靠的保障。要坚持全面依法治国，夯实中国之治的制度根基。”[①] 习近平法治思想中，体现人民利益、反映人民意愿、维护人民权益、增进人民福祉的价值追求清晰可见。习近平总书记指出：“推进全面依法治国，根本目的是依法保障人民权益。”[②] 并强调在制定法律制度时，要坚持以人民为中心，“人民群众对立法的期盼，已经不是有没有，而是好不好、管不管用、能不能解决实际问题”。[③] 要积极回应人民群众新要求新期待，注重针对人民群众反映强烈的突出问题，聚焦法律制度的空白点和冲突点，统筹谋划和整体推进立改废释各项工作，健全满足人民日益增长的美好生活需要必备的法律制度，确保法律及其实施过程充分体现人民意志。[④]

总之，高质量制度体系应当合乎合目的性标准，坚持以满足人民需求为出发点，以人民根本利益为价值取向。此外，合目的性标准要避免滑向“唯目的论”，不能一味地为了追求既定目标的实现，不顾制度建设成本，甚至不去考虑制度可能会带来的其他不利后果，而轻率地采取极端方式或手段。这种情形下，非但不能提升制度质量，还极有可能破坏原有制度的稳定性，引

① 习近平：《推进全面依法治国 发挥法治在国家治理体系和治理能力现代化中的积极作用》，载《求是》2020 年第 22 期。

② 《习近平在中央全面依法治国工作会议上强调 坚定不移走中国特色社会主义法治道路 为全面建设社会主义现代化国家提供有力法治保障》，载《人民日报》2020 年 11 月 18 日第 1 版。

③ 习近平：《在十八届中央政治局第四次集体学习时的讲话》，载《求是》2014 年第 6 期。

④ 江必新：《以习近平法治思想为指导着力解决法治中国建设中的重大问题》，载《行政法学研究》2020 年第 6 期。

起社会秩序的动荡。因此，制度体系建设应当妥当处理“目的、手段、结果”三者的关系，通盘谋篇、谨慎落子。

（2）合规律性标准

我国的制度体系，特别是法律规范体系的建构，与英美法系的“强调制度以累进的方式在不断试错中进化而来”的“进化理性”不同，其更倾向于“建构理性”，即更注重通过人的理性来对社会制度予以设计把控。[①] 建构理性主义认为，人类可以基于其理性对社会制度进行预先规划、设计与改造，并尽可能地抑制甚至铲除非理性现象。这种理念之下，制度建构者必然承担更多期望与责任，比如，最终制定出来的制度应当具备科学性、有效性、完整性等特性。我国《立法法》规定的科学立法原则正是这一理念的体现。

科学立法的含义包括：一是立法过程的科学性，要求应当准确认知并把握立法所处的社会环境本身及运作规律，以及所调整的社会关系本身及运作规律；二是立法方式的科学性，是否采取了最佳的手段去最大限度地实现立法目的。可见，科学立法是高质量制度体系的实现路径，合乎客观规律性是科学立法的应有之义。合规律性强调客观方面，虽关注方式或手段能否推动立法目的的最大化实现，但不对制度目的的正当性作主观价值判断，它属于理性认知的范畴。

具体而言，制度体系建设的合规律性至少包括三个层面：一是要符合社会整体发展的基本规律。从社会整体来说，人类社会发展有它的规律性。马克思、恩格斯通过辩证唯物主义、历史唯物主义的方法揭示了社会发展的一般规律，比如经济基础决定上层建筑、对立统一规律、否定之否定的规律等，这些规律是具有真理性的。二是要遵循每一个社会关系发展变化的特殊规律。制度具有规范属性，面向一定的规范对象，即某种特定的社会关系。不同的制度有不同的调整或规制对象，不同的对象又各有它的特殊规律。高质量制度体系的建构者应当对其调整的社会关系本身以及其背后的客观规律进行准确认知、清晰把握。三是要符合制度建设的自身规律。前文已作阐述。

合规律性标准的设定，实质上还有对高质量制度体系必须满足“科学性”

① 参见裴洪辉：《合规律性与合目的性：科学立法原则的法理基础》，载《政治与法律》2018 年第 10 期。

的要求。科学就是运用范畴、定理、定律等思维形式，如实反映客观事物本质规律的知识系统和实践活动。[①]制度体系并非凭空臆想，也要依靠专门的科学原理与技术才能建立起来。因此，高质量制度体系也必然具备科学有效性（制度理论、逻辑与实践的一致性），以及科学可靠性（建立制度的原理和方法的可重复性、可验证性）两大标志性特征。

（3）合正义性标准

罗尔斯指出，正义是社会制度的首要价值，正如真理是思想体系的首要价值一样，并提出了“作为公平的正义”理论。[②]一个组织良好的社会，其制度设计不仅旨在增进其成员的利益，也应当承载着一种公开的共同的正义观。[③]

习近平总书记反复强调一定要“促进社会公平正义”，[④]“不论处在什么发展水平上，制度都是社会公平正义的重要保证。”[⑤]在党的十八届三中全会上，习近平总书记指出：“对由于制度安排不健全造成的有违公平正义的问题要抓紧解决，使我们的制度安排更好体现社会主义公平主义原则……”[⑥]社会公平正义是法治的基本价值追求，公正是法治的生命线，要努力让人民群众在每一项法律制度、每一个执法决定、每一宗司法案件中都感受到公平正义。[⑦]可见，构建高质量制度体系要经过合正义性标准的“检测”。

合正义性标准，也称正当性标准，是指一个良好的制度必然应具备正当性，不仅要求目的是正当的，它的制定过程、手段、承载价值等也应当是正当的。现代民主法治国家，已不再仅仅依靠高压或强制手段来保证其政治权力和秩序，它总是要为正当性而努力。人们也往往用“正当性”对各种制度进行终极论证。正当性（legitimacy）一词含义十分繁复，时代的变迁赋予它

---

① 参见赵祖华:《现代科学技术概论》，北京理工大学出版社 1999 年版，第 1 页。

② ［美］约翰·罗尔斯:《正义论》，何怀宏等译，中国社会科学出版社 1988 年版，第 3 页。

③ 观点提炼参考［美］约翰·罗尔斯:《正义论》，何怀宏等译，中国社会科学出版社 1988 年版，第 5~11 页。

④ 习近平:《在第十三届全国人民代表大会第一次会议上的讲话》（2018 年 3 月 20 日），载《人民日报》2018 年 3 月 21 日第 2 版。

⑤ 习近平:《习近平谈治国理政》（第一卷），外文出版社 2018 年版，第 97 页。

⑥ 习近平:《切实把思想统一到党的十八届三中全会精神上来》，载《求是》2014 年第 1 期。

⑦ 参见《为千秋伟业夯基固本——习近平法治思想引领新时代全面依法治国纪实》，载新华社，http：//www.xinhuanet.com/2020-11/18/c_1126756747.htm，最后访问时间：2023 年 12 月 15 日。

不同的历史内涵，法学、哲学、政治学、社会学等不同学科也侧重不同含义进行使用，但“正当性”仍然有其基本含义与“共相”。马克斯·韦伯、哈贝马斯等诸多法学家对“正当性”都进行过阐述或解说，[①] 综合而言，“正当性是在经验和理性两个维度上寻求最高的‘合法性’：经验层面表现为需得到社会的普遍认同和遵守；理性层面是指经过道德哲学论证而取得合理性”。[②]

具体而言，制度体系要获得“正当性”认同，至少应当符合以下两个方面：一是制度从来源上是正当的且是得到人民实际认可的。表现为：从目的进路来看，是以人民为中心，为人民利益而设计的制度；从发生进路来看，是以一种经人民认可的方式去建立和实现的。二是制度本身是经得起道德论证的良善的制度。表现为：从抽象层面来说，制度蕴含着自然、理性、道德、正义等本体意义上的价值；从具体层面来说，制度具备合法性或形式正义等要素。“和平社会中的大多数人服从法律，不是因为做了理性的利弊计算，恐惧处罚；而是因为相信法律基本上是公平的，在道德观念上已习惯于遵守。如果相信它是不公平的，他们就比较不愿服从。”[③] 此外，正当性是一个开放流变的概念，并非确切固定静止的，因此，制度体系要根据现实社会的正当性观念的演变而不断作出调整完善，任何阶段都要坚持对正当性的追求。

（4）合法性标准

合法性（legality）与正当性是一对颇具亲缘性的概念。[④] 在现代社会，正当性主要通过合法性来体现，合法性是正当性的重要形式。但两者在多种维度中都有不同属性，不可混同与相互替代。

合法性标准，是指高质量制度体系建设应当符合国家宪法法律的规定，要具有合宪性、合法性。在法治中国建设的大背景之下，判断一项制度是不是高质量的，合法性应当成为重要衡量因素。合法性标准体现在两个层次内：

---

① 详见［德］马克斯·韦伯：《经济与社会（上卷）》，林荣远译，商务印书馆 2004 年版；［德］尤尔根·哈贝马斯：《重建历史唯物主义》，郭官义译，社会科学文献出版社 2000 年版。

② 刘杨：《正当性与合法性概念辨析》，载《法制与社会发展》2008 年第 3 期。

③ 参见［美］汤姆·R. 泰勒：《人们为何服从法律》，耶鲁大学出版社 1990 年版，转引自［美］弗朗西斯·福山：《政治秩序的起源：从前人类时代到法国大革命》，毛俊杰译，广西师范大学出版社 2014 年版，第 236 页。

④ 刘杨：《正当性与合法性概念辨析》，载《法制与社会发展》2008 年第 3 期。

一是制度建构本身必须具有合法性。制度的形成应当符合法律规定，包括制度主体合法、权限合法、程序合法、内容合法、形式合法等。制定、完善国家制度应当善于运用法治思维和法治手段。二是制度应当与现有法律规范体系相协调，不存在明显或潜在的冲突。这是“法制统一”的基本要求。“在新增任何立法时，必须考虑与既有法律秩序在概念、逻辑、体系、观念上相融洽，新的规范必须用合乎固有法律思维的方式去表达。”[①]

（5）“理性”标准

理性标准，是指制度体系建设的目的、手段、过程等都应当合乎“理性”。国家制度体系是否“理性”，不仅影响政府职权行为的效果，也关涉改革发展与国家治理目标的实现。因此，理性标准也是衡量一国制度体系质量的重要指标。

马克斯·韦伯也有关于“理性”的研究，“当目的、手段及其附属物都被‘理性’地加以考虑和权衡时，行动在工具上、意义上就是‘理性’的。”[②]他的观点经过实践后，其有益部分被后世进一步拓展，即制度的“理性”还可以细分为价值理性和工具理性。其中，对于国家制度而言，价值理性关注价值层面的理性思考，注重从某些具有实质的、特定的价值理念的角度来看制度的合理性。国家制度的建立与完善，应当考虑其价值取向和奋斗目标。从某种意义上来说，价值理性是以“合目的性”的形式存在的。回到我国制度实践中，新时代制度建设的价值取向被设定为“以人民为中心”。另外，工具理性对国家制度建设的要求表现在，制度是国家治理的一种工具，国家机关或公共部门依仗制度实现治理现代化。制度设计时，应当思考并采用达到目标的最优路径，对制度执行者的权能、职责等作出最理性的配置。实践中，在优先考虑公共福祉的基础上，还必须掂量其职权行为作出的相对成本，即其职权行为的手段和目标应当是最合适、均衡的搭配，不应无端过度浪费公共资源。

此外，高质量制度体系的建构在实体方面还需符合适配性标准、自洽性

① 裴洪辉:《合规律性与合目的性：科学立法原则的法理基础》，载《政治与法律》2018 年第 10 期。

② ［德］马克斯·韦伯:《社会科学方法论》，杨富斌译，华夏出版社 1999 年版，第 61 页。

标准、衡平性标准等标准。适配性标准是指制度建构要注重与环境的适配性。一是制度总是要作用于一定的社会关系，因而要与社会发展程度相适配；二是制度总是适用于一定的时空环境，因而要与基本国情与本土资源相适配。自洽性标准是指制度体系应当能自成体系、自洽自足。依照制度体系的自身设定进行推演，制度体系的各制度之间、各个具体制度的各要素之间都应当是相容的，是不相冲突的。衡平性标准是指制度体系应当注重多元价值间要进行整合与衡平。首先，要顾及各方面的利益；其次，要善于运用对立统一规律，要注意找到社会关系中的主要矛盾和次要矛盾，找到矛盾的主要方面和非主要方面；最后，适度地平衡各种关系。

2. 高质量制度体系的形式标准

（1）系统性标准

我国是一个复杂的共同体，社会环境也在不断发展变化，这就决定了国家治理体系结构的复杂性，这就要求国家制度体系能够全面覆盖并调整各种社会关系。系统性标准，是指制度体系应当呈交织网格状全方位覆盖各个领域、各个方面、各个环节，相关制度完整齐备，能充分发挥制度的规范主体行为、协调利益关系、维护社会秩序、促进改革发展等作用。在制度体系内确保各种主体按照规则良性互动，合力瞄准新时代国家发展总目标，协同有序地推进。

（2）层次性标准

层次是人们处理复杂问题的一种基本方法。层次性，表现为系统在功能或结构方面的一种等级秩序。我国国家治理体系是一个内涵丰富的复杂体系，要实现制度功能的最大化，应当区分层次性，根据组成制度体系的诸要素间的差异，将其分配在不同的层次。党的十九届四中全会将中国特色社会主义制度分为三个层次，即根本制度、基本制度、重要制度。总之，层次性标准要求整个国家制度体系内部应当层次分明，形成有序状态。

（3）协调性标准

高协调度可以使复杂系统的各组成要素之间相互补充、相互配合、相互促进，防止和减少内耗，形成行动“合力”，进而提高整个系统的功效。高质量制度体系的建构，应当符合协调性标准，即整个制度系统和子系统之间、各个具体制度之间都应当相互协调、相互支持，不存在明显的冲突或矛盾，这是最基本的形式要求。

（4）可操作性标准

制度的可操作性，是检验制度成熟程度的重要指标。可操作性标准，是指制度体系应当具有可操作性，制度条文在内容上要具体明确，语言表达浅显易懂，逻辑严谨，利于操作。

诚然，制度体系现代化或者高质量制度体系的评价标准是一套非常复杂的指标体系，还需要进一步作严谨论证。

三、制度体系现代化的实践路径

建设高质量的制度体系是一个相当复杂的过程。从时间维度来看，是对历史制度改革实践的接续，是针对现实中需要解决的问题，又是面向未来而进行的理想性建构；从空间维度来看，既要注重与整个社会系统中的其他体系建设（体系外部环境）的协调，也要注重制度体系内部各具体制度的协调，还要注重制度体系建设各个环节的协调；从内容来看，既包括对现有制度的改造完善，也包括新制度的确立；等等。因此，实现制度体系现代化难度颇大，且是一个永远在路上的追求。

（一）坚持党的集中统一领导与尊重人民群众的首创精神的统一

中国共产党的领导是中国特色社会主义制度的最大优势，是夺取新时代中国特色社会主义伟大胜利的根本政治保证。我国《宪法》第1条规定，中国共产党领导是中国特色社会主义最本质的特征。习近平总书记强调，只有始终坚持党对一切工作的领导，才能在更高水平上实现全党全社会思想上的统一、政治上的团结、行动上的一致，[①]才能更好地发挥党的把方向、谋大局、定政策、促改革的重大作用。尊重人民的首创精神，是我国在改革开放伟大实践中积累的宝贵经验，体现了马克思主义人民观、实践观、唯物史观，体现了对人类社会发展规律的科学把握。马克思主义认为，人民群众是实践活

① 中共中央宣传部：《习近平新时代中国特色社会主义思想三十讲》，学习出版社2018年版，第74页。

动的主体，是真正的历史创造者，是推动历史发展的决定性力量。尊重人民的首创精神，表现为尊重人民的主体地位、尊重基层的制度需求和意愿、坚持以人为本的实践目的和价值取向，“始终把实现好、维护好、发展好最广大人民根本利益作为一切工作的出发点和落脚点，让发展成果更多更公平惠及全体人民。”①

因此，高质量制度体系建设必须坚持党的集中统一领导与尊重人民群众的首创精神的高度统一，将“自上而下”和“自下而上”的制度建构模式在制度建设实践中结合起来。一方面，坚持党的全面领导。党站在国家全局的角度对现有制度体系进行总体审视、举旗定向、统筹谋划，做好顶层设计，进而整体推进，并提供方法论的指导；同时，又充分尊重人民群众的首创精神，最大限度地激发人们的创造热情，发挥基层智慧、推动制度创新。只有二者的有机统一，制度才能获得人们最广泛的支持，才有强大的生命力，才能真正服务于伟大事业。反之，如果只片面注重顶层设计，就可能容易忽视对具体问题、细微问题的深入探索，脱离实践需要，不接地气，难以得到人民群众内心的真诚拥护，影响制度的执行力与实际效能；而如果只讲首创精神，不讲顶层设计，不讲集中统一，又可能各行其是，造成制度建设的盲目和失序，出现制度相互冲突、矛盾等情形，增加制度建设成本，浪费制度建设资源，达不到制度建设的目的。

（二）坚持问题导向、目标导向和结果导向的统一

导向是行动的指引和方向。牢牢把握问题、目标、结果“三个导向”，坚持三者并重，是建设高质量制度体系的基本遵循。

马克思指出：“问题就是时代的口号，是它表现自己精神状态的最实际的呼声”，②“一切划时代的体系的真正的内容都是由于产生这些体系的那个时期的需要而形成起来的”。③问题导向，是指以问题为出发点，有什么问题就解决什么问题，抓住重大问题、关键问题和主要矛盾，找到既有制度中的问题

---

① 《习近平在庆祝中华人民共和国成立65周年招待会上的讲话》（2014年9月30日），载《人民日报》2014年10月1日第2版。

② 《马克思恩格斯全集》（第四十卷），人民出版社1982年版，第289页。

③ 《马克思恩格斯全集》（第三卷），人民出版社1960年版，第544页。

症结，把发现、认识和化解突出矛盾和问题作为制度体系建设的突破口，有的放矢，增强制度的针对性。目标导向，是指以目标为指引，瞄准制度建设目标，一步一步地朝着既定目标奋斗努力，增强制度建设的方向性。结果导向，是以结果为标准，以制度解决实际问题的效果为评判依据，审视其是否能增强人民的获得感、幸福感、安全感，是否有利于国家的强盛和长治久安，增强制度的务实性。

问题、目标、结果是事物发展的“一体三面”，三者相互贯通、相互承接、相辅相成。问题导向、目标导向、结果导向这“三个导向”，是辩证统一的有机整体。[①] 从制度体系的建构过程来看，亦是如此，具体表现为：（1）在实现高质量制度体系建设目标任务过程中，不断解决遇到的突出问题，又在不断解决问题的过程中向着既定目标迈进；（2）在实实在在的制度建设成果中，破解制度难题，又在切实解决一个个的问题中，巩固制度成果；（3）在不断取得的新成果中让制度目标更加远大，又在每个阶段性目标的实现中不断夯实制度基础。

因此，高质量制度体系的建设应当坚持问题导向、目标导向、结果导向三者的统一，不可偏废。如果片面强调部分导向，则无疑会影响、贻误高质量制度体系建构的进程。比如，如果忽视问题导向，不从问题着手，制度建设容易出现随意性与被动性，该着力解决的问题没有解决，使制度失去最基本的价值；又比如，如果忽视目标导向，缺乏目标指引，则容易迷失前进方向而盲目为之，或者被形形色色的问题“围住”，或者被问题“牵着跑”，或者抓了小问题，漏了大问题，极易偏离制度建设的目标；再比如，如果忽视结果导向，因缺乏客观评判标准，又极可能陷入形式主义的漩涡；等等。

习近平总书记在 2019 年中央经济工作会议等重要场合，多次强调了坚持“三个导向”思维。比如，在中央全面依法治国工作会议上，对全面依法治国的重点任务作出安排时强调，要以解决法治领域突出问题为着力点；要积极回应人民群众新要求新期待，系统研究谋划和解决法治领域人民群众反映强烈的突出问题；运用法治思维和法治方式解决经济社会发展面临的深层次问

① 本报特约评论员：《谈谈坚持问题导向目标导向结果导向》，载《学习时报》2019 年 12 月 25 日第 1 版。

题；要继续推进法治领域改革，解决好立法、执法、司法、守法等领域的突出矛盾和问题，用法治保障人民安居乐业等。此外，习近平总书记撰写的重要文章提出，要发挥法治的引领、规范、保障作用，以依法治国实践检验法治建设成效，着力固根基、扬优势、补短板、强弱项，推动各方面制度更加成熟、更加定型，逐步实现国家治理制度化、程序化、规范化、法治化。[①] 总之，坚持“三个导向”的辩证统一，有助于我们党探索、总结高质量制度体系建设规律，并用以指导、推进国家制度体系改革。

（三）尊重制度建设的规律性与民主性的统一

遵循规律性与民主性的统一，给予了高质量制度体系建构方法论上的指引。制度体系建设，既要尊重固有的客观规律，按客观规律办事，实事求是；又要充分发挥民主，激发主观能动性，把两者结合起来。民主性只有在尊重规律性的基础上才能充分发挥，也只有充分发挥民主性才能更好地认识和运用客观规律。坚持两者的辩证统一，才能高效促进高质量制度体系的建成。如果不尊重制度建设的规律性，一味地强调民主性，容易陷入“多数裁定”固式思维，而多数人的意见不总是正确，因而可能会走向反面；如果不注重民主性，否认人的主观能动性，把人当作被动接受规律的对象，又必然会导向机械决定论，不能灵活处理现实中存在的特殊问题，同样也难以实现建设高质量制度体系的目的。

因此，在制度构建过程中，我们要注重认识、把握、运用制度建设的内在规律性，由我们党带领人民准确研判世界发展形势与国内发展现状，不断巩固和坚持、创新和发展中国特色社会主义制度体系。同时，在尊重制度规律的前提下，嵌入“民主性”元素，广纳民意、尊重民意，制定科学可行的建设方案，用来指导实践，以达到建设高质量的制度体系的目的。

当前，随着改革的深入推进，国家治理现代化对科学完备的法律规范体系的要求越来越迫切。习近平总书记多次对提高立法质量进行了强调，在党的十九大报告中提出，要推进科学立法、民主立法、依法立法，以良法促进发展、保障善治。我国《立法法》等有关法律对科学立法、民主立法都作了

---

① 习近平：《推进全面依法治国，发挥法治在国家治理体系和治理能力现代化中的积极作用》，载《求是》2020 年第 22 期。

明确详细的规定。制定良法需要科学立法、民主立法、依法立法相辅相成，共同推进。其中，“科学立法的核心是指立法要尊重和体现法律所调整的社会关系的客观规律和立法活动自身的规律。遵循立法活动规律，就要从国情和实际出发，遵循立法程序，注重立法技术，努力实现立法过程的科学化和现代化。民主立法的核心是立法要为了人民、依靠人民。通过民主立法，集思广益，凝聚民智，提高立法质量。”[①] 因此，在制度体系建设和法治实践中，应当坚持科学立法、民主立法、依法立法，尊重制度建设的规律性与民主性的统一，制定良法并形成良法体系，进而构建高质量的中国特色社会主义制度体系。

（四）坚持类型化与协调性的辩证统一

制度体系建设既要注重制度的“类型化”，又要注重制度之间的“协调性”，坚持类型化与协调性的辩证统一。在新的历史方位，社会主体对国家发展、制度建构，提出了更高的、更多元的利益要求，这应当引起重视并调整新时代社会制度体系建设的目标设定。因此，制度体系建设应当依据国家制度体系发展目标，回应社会主体的多元化制度建设要求，有针对性地构建不同类型的制度，包括制度的模式、结构、标准、实施路径等都应注重“类型化”设置。此外，虽然制度体系建设在外部特征上存在多元需求面向，采取类型化制度模式，但不能忽略制度体系内部各制度间的“协调性”，即要更加注重各具体制度间的良性互动、协调推进，在价值取向上相互配合、在制度设计上相互补强、在实施过程中相互促进、在治理效能上相得益彰，统一于新时代中国特色社会主义制度建设的总目标。

制度体系“类型化”与“协调性”既有必然逻辑联系，又存在量化差异，但它们都辩证统一于新时代全面深化改革、国家治理现代化的实践过程之中。其实质是坚持“同样情况同样处理，不同情况区别对待”的原则。进行制度建设切忌不考虑制度约束对象的复杂性，搞“一刀切”，这样必然陷入“一管就死，一放就乱”的怪圈。制度体系的多元需求是新时代制度建设的前提和基础，而“类型化”与“协调性”则是落实的方法、应对的措施，它们应当

① 张鸣起：《学习十九大报告重要法治论述笔谈：推进科学立法、民主立法、依法立法，以良法促进发展、保障善治》，载《中国法学》2017 年第 6 期。

根据制度体系建设总目标所分配的阶段任务协同推进。因此，为了有效地应对复杂的制度体系建设大环境，制度体系建设应当尊重制度发展模式的多样性，避免固步自封，注重制度体系建设方法、策略、渠道的类型化，在新时代制度体系大格局的框架内，注重不同领域、不同层次、不同环节的制度建设的系统协调，推进全面深化改革，实现国家治理现代化。

（五）坚持制度的评估机制与自我调节机制的统一

制度的评估机制与自我调节机制应当成为制度体系的有机组成部分。制定一个制度或者推进一个制度，事前要进行评估，事后也要进行评估。制度的评估机制是由制度各类主体或接受制度主体委托的中立第三方，依规定程序采用专业化、标准化的测量指标与方法，对制度的效率、可实施性以及在运行过程中可能或已经出现的正向或反向效果，作出独立、科学、客观、全面评价结论的机制。此外，在现代科技大发展的背景下，“算法能力的不断提高，大数据的深度应用，人工智能科技的飞速发展，成为国家智慧法治的重要科技手段。”① 因此，要有效利用区块链、大数据、现代化技术等技术手段进行制度评估。

制度的自我调节机制的机理在于，制度在实践过程中经常会遇到来自制度体系内部与外部因素的阻碍与干扰，又随着时间的推移，制度实际运用环境与制度最初形成背景相比，也常常会发生变化，这就难免造成制度成品对社会的直接适用度与契合度的降低。在这些情形之下，如果制度不具备自我调节机制，将难以完全回应社会中出现的新情况新问题，造成制度僵化与虚设，无法实现制度的期待价值；严重时，甚至可能带来制度体系的结构和功能的震荡。因此，高质量制度体系的建构，应当给予制度适当的舒展环境与伸展空间，促使制度具备内生力、自适应力等自我调节能力。此外，还要注意，“治理体系的自我调适能力应关注制度自身的反思能力，尤其是制度的制定者和执行者对问题的判断能力和自我纠错能力。”②

综上，应当坚持制度的评估机制与自我调节机制的统一，提升制度体系质量。高质量制度体系是一套致力于解决改革发展与国家治理实践问题的制

① 彭中礼：《智慧法治：国家治理能力现代化的时代宣言》，载《法学论坛》2020 年第 3 期。
② 江必新、邵长茂：《论国家治理商数》，载《中国社会科学》2015 年第 1 期。

度系统，需要不时反馈制度体系运行的效果，这就是评估机制发挥作用的场域。在制度体系评估结论出来之后，就有可能出现正向度的反馈与负向度的反馈，对于正向度的结果显然要给予褒扬并继续推行，而对于负向度的反馈则需要启动自我调节机制进行修复和调适，适应制度环境的变化，保持制度体系自身的稳定和平衡，这两种机制都应统一于新时代全面深化改革与国家治理现代化的全过程。

（六）坚持制度的稳定性与创新性的统一

评判一套制度体系成熟的标准通常具有两个特征：一是制度的稳定性，二是制度的创新性。“制度在社会中的主要作用，是通过建立一个人们互动的稳定结构来减少不确定性。”① 制度稳则国家稳。优良的制度，首先体现在它的稳定性上，要更加成熟、更加定型。“摆在我们面前的一项重大历史任务，就是推动中国特色社会主义制度更加成熟更加定型。”② 制度的稳定性优势在于，它给人们对未来社会制度的发展状况带来一种稳定的心理预期。国家在改革发展的不同阶段会确定具体的时代主题，也会选择不同的制度模式，还会采用不同的制度建设策略，但社会形态决定的国家制度的本质是稳定不变的。制度的稳定性决定了制度建设是在中国特色社会主义制度的框架内，对社会关系的规范化形式“制度”的不断优化、创新与完善，方式是平和的、渐进的，而并非激烈的、颠覆性的变革。

制度的创新性是对制度体系规律的更高层次的把握，是应对制度变化的内部环境与外部环境的“升级换代”。制度的创新性有助于人民群众抓住和利用时代发展机会，不断引入新的制度理念、模式，提高国家制度体系的质量和综合效益。制度的创新性是事物矛盾的主要变化因素，它在稳定因素的基础上变化、跳跃、推陈出新，推动制度体系的发展、完善。

习近平总书记强调：“制度更加成熟更加定型是一个动态过程，治理能力现代化也是一个动态过程，不可能一蹴而就，也不可能一劳永逸。我们提出

① ［美］道格拉斯·C. 诺思：《制度、制度变迁与经济绩效》，杭行译，格致出版社、上海三联书店、上海人民出版社 2008 年版，第 7 页。

② 习近平：《习近平谈治国理政》（第一卷），外文出版社 2018 年版，第 104~105 页。

的国家制度和国家治理体系建设的目标必须随着实践发展而与时俱进。”[①]“中国特色社会主义国家制度和法律制度需要坚持好、实施好，也需要不断完善和发展。”[②]这正是对坚持制度的稳定性、创新性及其关系的深刻阐释。稳定性和创新性似乎是一对相矛盾的概念，比如，强调稳定，可能会阻碍创新；而创新则会打破稳定的局面。进一步探讨会发现，稳定和创新是相辅相成的。稳定的制度体系是确保创新发展的基础，而制度的创新性可以不断优化、提升制度体系的质量，使得制度体系建设水平有条不紊地持续上升，这是动态下保持自身有序性的稳定。总之，制度体系建设必须妥当处理制度的“变与不变”的关系，在稳定性与创新性的制度博弈里，结合总体目标寻求一个最优平衡点。

① 习近平：《习近平谈治国理政》（第三卷），外文出版社 2020 年版，第 127 页。

② 习近平：《坚持、完善和发展中国特色社会主义国家制度与法律制度》，载《求是》2019 年第 23 期。

◉ 第四章 ◉

制度执行力现代化

“一个国家选择什么样的国家制度和国家治理体系，是由这个国家的历史文化、社会性质、经济发展水平决定的。”[①] 高质量制度体系建设也必然遵循这项客观规律。中国的经验与发展逻辑已经证明，现有的制度体系与国家治理体系总体上具有极大的优势，应当坚定不移地继续推行。当然，对照新时代中国特色社会主义制度的总体目标，我们还有差距，还要查缺补漏。习近平总书记强调：“我们要在坚持好、巩固好已经建立起来并经过实践检验的根本制度、基本制度、重要制度的前提下，坚持从我国国情出发，继续加强制度创新，加快建立健全国家治理急需的制度、满足人民日益增长的美好生活需要必备的制度。要及时总结实践中的好经验好做法，成熟的经验和做法可以上升为制度、转化为法律。”[②] 这就要求我们要高度重视高质量制度体系建设，善加运用新发展方法论指引人民破除现有制度体系中的“沉疴痼疾”，在新时代全面深化改革进程中，不断提升制度体系的质量和品格，且与之同时，还

① 习近平：《习近平谈治国理政》（第三卷），外文出版社 2020 年版，第 119 页。

② 习近平：《坚持、完善和发展中国特色社会主义国家制度与法律制度》，载《求是》2019 年第 23 期。

要求不断把我国制度优势更好地转化为国家治理效能，全面实现国家治理现代化。

制度的生命在于执行，制度优势是在制度绩效中予以体现的，而静态的制度体系若不能转化为动态的治理效能则不能称其为优势制度，应从方法论的角度挖掘制度长期保持优势的实践经验，并提炼出制度优势转化为治理效能的演化规律，为推进制度执行力现代化提供参考。党的十九届四中全会提到我国国家制度和治理体系十三个方面的制度优势，习近平总书记也在多次会议和讲话中强调要把制度优势转化为治理效能的问题，深入理解和研究制度执行力问题对优化我国国家治理体系和提高治理能力十分必要。制度的优势最终体现在治理效能的结果上，是国家治理能力的重要前提。如何界定制度的优与劣，怎样才能形成并长期保持制度优势，如何将制度优势顺利地转化为治理效能？现有制度理论相关研究较为缺乏，难以对实践需要予以有效回应，急需结合国家治理实践在理论中深入分析和研判，总结与制度优势相关的规律性，以更好地提升制度执行力，实现人民安居乐业的根本目的。

一、制度优势的识别

马克思把制度定义为由生产力决定的生产关系的总和，即经济结构和上层建筑。[①] 新制度主义学派道格拉斯·诺斯把制度定义为一个社会的游戏规则，是为了确定人们的相互关系而人为设置的制约，包括正式规则、非正式限制以及上述规则和限制的有效执行。制度是一个社会的博弈规则，是人为设计的、形塑人们相互关系的约束，通过为人们提供生活规则来减少不确定性，使得人类社会得以生存与发展的约束。美国经济学家西奥多·舒尔茨把制度定义为管束人行为的一系列规则，这些规则涉及社会、政治及经济行为。可见，制度属于上层建筑，受制于经济基础尤其是生产力的发展水平，体现为一系列静态或动态的社会规则。制度有优有劣，良好的制度促进社会的发展，恶劣的制度阻碍社会的进步。但如何评价制度的优与劣，怎样鉴别制度优势，

① 参见《马克思恩格斯选集》（第三卷），人民出版社 1995 年版，第 32 页。

需要客观理性的衡量标准加以判定。制度优势不是自封的，实际上有一系列标准，并要经得起实践的检验，要经得起历史长河的淘汰。有学者从制度理论的角度认为制度优势表现为制度体系的完备性、制度形成的成熟性、制度发展的动态性和制度效能的充分性。[①] 而笔者认为，所谓制度优势至少要达到以下七个方面的标准。

（一）制度要具有实现目标的有效性

目标导向强调谋划和布局，强调宏观思考和顶层设计，注重确定方向、明确目的、树立理想和增强信念。目标导向着力于解决理想与现实的差距。[②] 确立目标是每一个制度的首要任务，制度体系架构和制度规则设计要始终围绕着目标展开，才能保证不偏离方向，从而有助于目标的实现。党的十九届四中全会从党和国家事业发展的全局和长远出发，对坚持和完善中国特色社会主义制度、推进国家治理体系和治理能力现代化作出了全面部署，提出了明确的目标要求。制度的设计必须有利于目标的实现，能否实现党的十九届四中全会决定的目标或有助于目标的实现是衡量我国现行制度是否具有优势的重要参考因素。同时，目标的实现也是检验制度绩效的一个重要标准。以 1978 年实施的农村家庭联产承包责任制为例，该制度是以家庭为单位向村集体承包土地等生产资料的农业生产责任制，该制度赋予了农民自主生产经营权，激发了劳动积极性，实现了提高生产率和农民收入的目标，这说明农村家庭联产承包制度是当时的历史背景下较其他农业制度颇具优势的制度。

（二）制度实施成本的低廉性

成本与收益是对应概念，均来源于经济学范畴，近来频繁被引入政治学、法学、社会学等其他学科领域。成本与收益概念的核心技术在于运用统一尺度权衡待审查的法律规则或政策可能导致的各类后果，并在此基础上比较待审查规则与其他可能的替代性举措，最终判断何者成本更低、收益更高为最优方案。[③] 成本与收益体现了亚里士多德提出的“科学”概念，具有可证明性、

---

① 杨清明：《以强大的制度优势提升国家治理效能》，载《重庆日报》2019 年 11 月 21 日第 7 版。

② 李抒望：《坚持问题导向和目标导向相统一》，载《社科纵横》2019 年第 5 期。

③ 郑雅方：《论我国行政法上的成本收益分析原则：理论证成与适用展开》，载《中国法学》2020 年第 2 期。

抽象性、可传授性等特征。将成本与收益概念适用于制度理论中是国家治理现代化与科学化的要求。制度实施是有成本的，良好的制度应当是在同样的成本支出条件下取得的最佳成效。有的制度虽然设计得很完善，但实施成本很高，需要大量的人力、物资支撑，自然得不到人民的拥护，从而不具有太多制度优势。以唐朝均田制的实施历史为例，其在唐朝初期是符合当时社会发展条件和财政需要的一种切实可行的低成本土地制度，也促进了唐初经济的恢复和发展。但后来因人口增长、土地兼并及外部环境动乱，导致政府维持均田制的成本高于收益，使得这种制度在推行了将近三个世纪之后不得已退出历史舞台。① 制度成本的高低直接关系到制度能否顺利实施，制度成本的低廉性是制度具备优势的一个很重要的考量因素。

（三）主体制度与其他制度的协调性

制度整体要有协调性，制度之间要做好纵向协调和横向协调才能发挥制度整体的优势。纵向协调上尤其要处理好中央与地方制度间的关系。当代中国纵向政治制度变迁的实践表明，中央与地方在目标、利益，甚至组织上若出现偏离，极易引发协调性危机。这促使纵向权力和责任配置需要不断进行调整，同时辅之以组织协调、目标协调、利益协调、权责协调来维持制度的良性运转，实现稳定和发展的制度功能。② 横向协调上要处理好多元主体与党的领导制度之间的关系。有效的国家治理需要理顺治理主体之间的关系，形成既有分工又有合作，并且要围绕共同的治理目标开展工作的政治格局。党的领导可有效协同多元主体各自的制度利益，有助于减少目标分歧，形成治理合力，发挥治理效能。③ 此外，在保持现时性纵向和横向的制度协调性外，也要注重历时性的制度间协调，充分兼顾制度发展变迁的历史进程，做好改革后制度与改革前制度的有效衔接，切实保障制度改革中利害关系人的合法权益。

---

① 侯江红：《唐朝均田制度实施成本剖析》，载《西华大学学报（哲学社会科学版）》2011 年第 1 期。

② 朱成燕、储建国：《央地关系的协调性与当代中国纵向政治制度变迁——基于对制度变迁广义理论的反思》，载《学术月刊》2019 年第 4 期。

③ 何虎生：《为提升国家治理效能筑牢根基》，载《北京日报》2019 年 11 月 18 日第 13 版。

（四）制度负面效应的最低性

制度优势的评价应是一个整体性全方位的评价，不仅应当对其正面效应进行评估，而且还要评估其所带来的负面效应。有时一个制度很好，但有较大负面效应，也难以成为优势制度。如城乡二元土地制度，这种土地制度虽有助于保护农业用地，但产生的负面效应也十分显著，表现在整体土地资源配置效率低，农村土地资源浪费严重，农民土地产权利益没有受到保护，城乡二元土地制度的矛盾越来越尖锐，城乡经济发展差距不断拉大。[①] 目前国家正在探索土地三权分置制度来振兴农村建设，弥补城乡二元土地制度不断增大的负面效应。从这个例子来看，一项制度往往兼具正面效应与负面效应，如何放大正面效应、限制负面效应是制度实施成功的重要体现，通过正负面效应的比较更有助于客观辩证地评价制度优势。当然，任何制度都不能完全避免负面效应，负面效应的最低性是与其他同类制度的负面效应程度相对而言的，如何尽量减少负面效应并将之控制到最低限度，是优势制度设计的必要条件之一。

（五）配套制度的简易性

任何制度作为一项孤立制度是很难实施的，它的有效运行要配置一套制度集群共同推行。法治实践证明，制度社会效果和法律效果的充分发挥，单靠制度自身是不可能实现的，需要一系列配套制度紧密跟进，发挥制度合力，才能保证本体制度顺畅运行。[②] 以村居法律顾问制度为例，该制度虽具有积极意义，但在推行过程中普遍陷入不可持续发展困境，原因在于与村居法律顾问制度相关的日常工作制度、绩效考核制度和经费保障制度等配套制度建构不完善紧密相关，难以支撑实现该项制度设置的初衷。[③] 配套制度的缺失或不完善对主体制度功能的发挥具有重大影响，但如果配套制度太烦琐，成本太高，这种制度也是没有生命力的。因为制度的建构、实施、监督等制度运作

---

① 许经勇：《我国城乡二元土地制度的负面效应与改革路径研究》，载《东南学术》2016 年第 1 期。

② 朱景文：《全球化条件下的法治国家》，中国人民大学出版社 2006 年版，第 91 页。

③ 曹吉锋：《村（社区）法律顾问制度的实践与问题反思》，载《上海政法学院学报（法治论丛）》2017 年第 1 期。

的每一个环节均需要支出必要的人力、物力、财力等各种资源和时间成本。[①]配套制度过于烦琐，明显增加了制度实施的各项成本，阻碍主体制度的时效性和低碳化。

（六）人民群众对制度的可接受性

有的制度很好，但实施效果很难被人民群众所接受，原因在于忽视了制度的可接受性。何谓“可接受性”？从接受者的主观性角度解读，认为可接受性表达的是人的接纳、认同、内化、服从的心理状态，与之相对应的是“不接受”的概念，表达的是人的漠视、违背、规避和抗拒的心理状态。[②]从接受内容的客观性视角分析，可接受性应该基于相应制度的完善达到可以为人民所接受的程度，如法律制度中进行立法、执法、救济制度等制度变革要发展各种可以达致接受的客观属性。[③]例如，我国城管执法制度长期以来在人民群众心中的可接受性较低，其原因既有客观方面作为执法依据的现行行政法律存在与实际脱节、滞后于社会发展等问题，也有个别执法人员因执法方式不当而得不到人民群众认可的主观性问题。所以，良好的制度首先需要制度本身较为完善，具有可被人民群众普遍接受的客观性，同时也要改进制度的实施方式和加强解释说明工作，注重人民群众对制度的内心认同和普遍服从的主观感受，只有让人民群众在主客观方面均愿意接受的制度才是优势制度。

（七）制度运行的可操作性

制度的实施要能够在技术层面具有可操作性才可以贯彻落实。制度运行的可操作性是联接制度与社会关系的技术纽带，是制度产生治理效能的必然要求。有学者以 2006 年《公务员法》的第 54 条（《公务员法》修订后第 60 条）为例，说明“公务员认为上级决定或者命令有错误时，可以向上级提出改正或者撤销该决定或者命令的意见”条款内容不具有可操作性。他认为该条款对公务员行使这种权利或者履行这种义务的方式、期间、范围等程序保障，以及上级收到意见后如何进行答复等影响制度能否切实有效操作的问题

① 袁庆明：《新制度经济学》（第二版），复旦大学出版社 2019 年版，第 257~259 页。

② 胡平仁：《法律接受初探》，载《行政与法》2001 年第 2 期。

③ 王学辉、张治宇：《迈向可接受性的中国行政法》，载《国家检察官学院学报》2014 年第 3 期。

未予明确，[①]导致实务中公务员执行明显违法决定或者命令的免责制度可操作性不强的后果。除上述程序性保障措施缺失外，该制度在行政实务中也陷入现实性困境。因为公务员组织内部是一个正式权威的等级结构，[②]命令与服从是公务员组织的有效工作方式，处于下级的公务员通过正式法律途径向上级指出决定或命令错误的做法与公务员组织内部组织体制并不契合，何况处于我国人情关系色彩浓重的社会情境中更为困难，这也是导致该制度不具备可操作性的缘由。因此，制度在设计之初就要充分论证其实施的可行性，缺乏可操作性的制度不具备制度优势。

以上为制度优势的七个主要方面的衡量标准，这些标准从不同维度解释了何谓“制度优势”，为准确识别制度优势提供有效评判依据。党的十九届四中全会所提及的我国十三个方面的制度优势都是经过历史和实践检验的，并且是具备上述界定标准的制度优势。另外，制度优势还应具有历史的合理性、良好的成长性、实践的支撑性等其他优势。

二、制度优势的形成

制度优势不是天然形成的，是要经过长期实践探索和不断试错证伪而形成，有时甚至需要通过鲜血凝聚而成。特别是党的十九届四中全会提到的十三个方面制度优势是党和人民经过近百年艰苦探索而形成的，在某种意义上也是无数先烈的鲜血凝聚而成的，所以要倍加珍惜。那么，什么样的制度能够形成制度优势？笔者认为，至少应坚持五项基本原则作为制度优势形成的依据。

（一）坚持人民性

人民性是制度优势的本质属性和出发点。中国特色社会主义制度本质上

① 杜祥平：《制度的逻辑性与可操作性——评公务员法 54 条问题》，载《理论与改革》2007 年第 1 期。

② ［美］安东尼·唐斯：《官僚制内幕》，郭小聪等译，中国人民大学出版社 2017 年版，第 41 页。

是人民的制度，具有鲜明的以人民为中心的价值取向。[①]“以人民为中心”是习近平新时代中国特色社会主义思想的重要内容。党的十九大报告对“以人民为中心”的内涵作了深入阐述，人民是社会历史的创造者，是决定党和国家前途命运的根本力量，必须践行党的全心全意为人民服务的根本宗旨，坚持人民主体地位，坚持立党为公、执政为民的工作原则。坚持“以人民为中心”的思想体现了党对《共产党宣言》基本思想的继承和遵循。任何事情脱离了人民，只为少数人谋福利是走不远的，也是不可能有优势的，这已无数次为历史所验证。制度之争归根结底是民众内心深处的认同之争。政治学用“制度认同”表达民众内心深处对自己国家制度的拥护程度，是一个心理层面的概念。[②]“以人民为中心”也体现了国家的责任向度，是责任政治建设的价值标准，可有效提升人民群众对制度的认同度，这对推进国家治理现代化有重要意义。[③]现代政府依赖于政治领导层与普通民众之间的一系列复杂信任关系。[④]坚持人民性能够使制度得到人民的信任，获得人民的支持和积极配合，形成制度优势，并有利于将制度优势更好地转化为治理效能。另外，还可从制度与社会之间双重互动关系来理解人民性在制度优势中的重要地位。一方面，人民群众推动社会发展，社会发展对制度革新具有积极的推动作用；另一方面，制度实施的有效性又影响着社会变迁的方向，这又与人民对美好生活的向往息息相关。所以，衡量一种制度是否科学、先进，是否为优势制度，根本的判断标准主要在于其是否符合国情、是否科学有效、是否能够得到人民拥护。[⑤]因此，坚持人民性是制度优势形成的首要原则，也是检验制度是否具备优势的试金石。

（二）坚持正确指导思想和目标导向

坚持正确的指导思想和目标导向是制度形成的前提条件，指导思想不正

---

① 曾建平、杨学龙：《人民性：中国特色社会主义制度自信的内在依据》，载《江西师范大学学报（哲学社会科学版）》2017 年第 3 期。

② 鲲水：《制度之争与制度认同》，人民出版社 2009 年版，第 2 页。

③ 张贤明、张力伟：《国家治理现代化的责任政治逻辑》，载《社会科学战线》2020 年第 4 期。

④ ［英］安东尼・吉登斯：《现代性的后果》，田禾译，译林出版社 2011 年版，第 79 页。

⑤ 习近平：《坚持、完善和发展中国特色社会主义国家制度与法律制度》，载《求是》2019 年第 23 期。

确、目标导向不明确将难以形成制度优势，更难以转化为治理效能。正确的指导思想和目标导向有助于形成制度共识，制度共识又验证了制度的指导思想和目标导向的正确性。一项制度若要获得共识，它至少需要具备合法性和正当性的一般要求，并且要满足大多数民众的根本利益，否则是不会形成广泛共识的。① 中华民族共同理想目标与中国特色社会主义道路具有内在逻辑一致性，这为凝聚制度共识奠定了共同的理想信念基础，共同理想信念又会转化为国家制度共识。② 所以，正确的指导思想和目标导向与制度共识具有统一性。制度共识可以形成制度执行上的行动合力，促进制度治理效能的转化。党的十九届四中全会提出要坚持和巩固中国特色社会主义制度和国家治理体系，坚持和完善党的领导制度体系、中国特色社会主义法治体系、中国特色社会主义行政体制、社会主义基本经济制度及统筹城乡的民生保障制度，这为我国各项制度的构建和完善指出了正确的指导思想和目标导向。我国的国家监察体制改革，纪委和监察委采取合署办公的形式，以正确的指导思想和目标导向为原则，实现了思想上和行动上的制度共识，从而提高了国家监督制度的制度绩效。③ 另外，制度共识是与一个国家的历史文化传统和发展阶段密切相关的制度理论。西方的"多党制""私有制"虽然也具有一定范围的制度共识，但在被有的发展中国家引进后并没有促进这些国家发展壮大，这说明制度共识也是有地域和文化差异的。只有符合一个国家的历史文化传统和与经济社会发展阶段相适应的制度共识才是正确的指导思想和目标导向，只有坚持正确的指导思想和目标导向才有可能形成制度优势。

（三）坚持符合社会公认的公平正义

"正义是社会制度的首要价值，正如真理是思想价值体系的首要价值一样。"④ 公平正义是各种社会制度的生命，制度的基本建构若偏离了公平正义，偏离了大多数人的价值共识是走不远的，也是难以执行和不为人民群众接受

---

① 虞崇胜：《提升中国特色社会主义制度禀赋：超越制度优势的国家治理现代化目标》，载《探索》2020 年第 2 期。

② 吕普生：《我国制度优势转化为国家治理效能的理论逻辑与有效路径分析》，载《新疆师范大学学报（哲学社会科学版）》2020 年第 3 期。

③ 本报评论员：《让制度优势更好转化为治理效能》，载《天津日报》2018 年 8 月 24 日第 4 版。

④ ［美］约翰·罗尔斯：《正义论》，中国社会科学出版社 1988 年版，第 1 页。

的。首先，公平正义是制度本身成立的必要原则。一项有生命力的制度必然要求其设立的依据是公正的，对制度之中的权利义务分配也是公正的，这样的制度才具有合理性、正义性，才能为广大人民群众所接受。其次，制度的运行也需要公平正义来保障。正当程序原则即为公平正义在制度运行中的集中体现。通过公开、透明、公众参与等程序保障制度运行的正当性，符合社会对制度公平正义的普遍价值期待。最后，维护社会公平正义也是制度的价值追求和奋斗目标。良好的制度是实现社会更广泛层面公平正义的重要手段。正如中国特色社会主义制度一直致力于实现社会公平正义，特别是党的十八大以来，党中央对公平正义问题高度重视，在社会主义核心价值观中明确了公平正义的价值目标，建立了以“权利公平、机会公平、规则公平”为核心内容的制度保障体系，提出以“四个全面”战略布局作为实现路径，从价值理念、制度保障和实现路径等全面多维度地建立了公平正义在新时代中国特色社会主义制度中的重要价值地位。[①] 中国特色社会主义制度正是坚持了符合社会公认的公平正义原则，才得到广大人民群众的制度认同和拥护，从而具有了旺盛的生命力，助推我国各项事业稳步前进。公平正义是法治的本质属性，坚持公平正义原则是我国依法治国基本方略的必然要求，是在新时代推进中国特色社会主义法治建设中重要的价值引领。公平正义也是一个历史范畴的概念，唯物史观认为其是受制于一定社会实践的思想观念，会因处于不同的时代、不同的人群之中而有不同，只有符合最广泛社会公认的公平正义才是最无限接近真理的公平正义。

（四）坚持尊重制度建设的客观规律

历史证明，制度建设是有规律的，古人总结了很多有关制度建设的普遍规律。比如说道家哲学中提到的“大道至简”，指的是制度在体例建构上要遵循“少而精”的规律性，太烦琐的制度往往是行不通的。再比如老子《道德经》中的“大制不割”，说的是大手笔的制度要采用因势而为、因势利导的管理方式，不能采取简单地一刀切，或简单地与一个国家的传统风俗习惯相背离。我国实行的民族区域自治制度就是遵循了“大制不割”的制度规律，充

① 刘泾：《习近平公平正义观三重维度探析》，载《科学社会主义》2019 年第 6 期。

分尊重各民族区域的风俗习惯，采取因地制宜的治理方式，得到了当地民众的认可和支持，维护了国家的安定统一，促进了社会经济的快速发展。如果建构的制度与人民生活习惯切割得太厉害，这种制度的实践路径就会行不通和走不远。我国古代的传统哲学理念揭示了制度建构或选择的很多规律，这些客观制度规律值得我们总结学习并加以应用。制度具有主观性和客观性两种属性。从制度的设立、构造及其选择中可见人在其中的主观性，同时制度也具有客观性。制度的客观性体现了其不依人的主观意志而存在，而是相对独立地存在于社会关系之中的，并且在社会不同的发展阶段，对应的制度形式也不相同，这种客观性和发展性体现出了制度的一般规律性，制度的形成与变迁需要遵循客观的规律。①恩格斯指出："一切社会变迁和政治变革的终极原因，不应当在人们的头脑中，也不应在人们对永恒真理和正义的日益增进的认识中去寻找，而应当在生产方式和交换方式的变更中去寻找。"②违反客观规律的制度难以形成制度优势，只有充分认识和掌握制度的规律性，才能更好地建构或选择合适的制度、科学合理地完善和创新制度。

（五）坚持理论逻辑、实践逻辑、历史逻辑的融会贯通

理论逻辑、实践逻辑与历史逻辑是制度构建的不同逻辑思维方法。三种逻辑在内在关系上能否有机统一、相互补充，对制度优势的形成十分重要。但三种逻辑毕竟内涵不同，若是不能够融会贯通，在制度内部相互冲突和矛盾，则无法形成制度优势。历史逻辑既包括一种制度的文化根基和发展方向，又体现了一种历史必然性，具有揭示社会发展历史规律的面向；理论逻辑指的是通过探索复杂系统中各要素、各层面、各形式之间的内在联系和变化发展规律得到理论上的必然性和现实性；实践逻辑是制度在实践中得到检验而总结出的必须遵循之规律、基本原则和要求。③三种逻辑进程并不是相互孤立地存在着，也不是处于静止不动之中，而是一直处于相互融合、不断向前发展的状态，每一种逻辑进程都同时包含另外的逻辑要旨。从制度优势的形

① 董伟：《制度的属性及其选择的规律性》，载《经济纵横》2013 年第 6 期。

② 参见《马克思恩格斯全集》第 20 卷，人民出版社 1971 年版，第 292 页。

③ 陆玉林：《论中国特色社会主义制度和国家治理体系的逻辑》，载《中国青年社会科学》2020 年第 2 期。

成到将制度优势更好地转化为国家治理效能，都需要从理论逻辑、历史逻辑和实践逻辑的这三个维度出发，分析制度发展的历史、现实及未来的发展趋向，通过大量的实践检验，理性地探索其内在的规律性，才能深刻地把握制度优势与国家治理效能的内在逻辑及其转化路径。[①]党的十九届四中全会指出的十三个方面的制度优势之中也体现了三大逻辑的作用过程。理论逻辑上，中国特色社会主义制度是以马克思主义理论为指导，精准把握了其理论中科学性和人民性的理论精髓，明确了中国特色社会主义方向的发展道路；历史逻辑上，中国特色社会主义制度深深扎根于中国大地，吸收中华优秀传统文化，将马克思主义理论的基本原理同中国具体实际相结合、同中华优秀传统文化相结合，使其具有了巨大的制度生命力，获得了人民的制度认同；实践逻辑上，新中国成立70多年来，制度的实施实现了国家经济的快速发展，人民生活的长期安全稳定，证明了中国特色社会主义制度能够持续推动国家的进步和发展，满足人民对美好生活的新期待。[②]三大逻辑的融会贯通，促成中国特色社会主义制度优势的形成。

三、制度优势的保持

习近平总书记曾提到“天下之势不盛则衰，天下之治不进则退”，一些自诩制度设计精妙、十分完善的西方国家，实际上经常会因党派纷争而陷入行政效率低下的政治内耗之中。制度优势具有历史地理局限性，它受制于特定的文化传统和时代背景，很难持续普遍适用。同时，制度优势又是动态发展的，需要随社会发展而不断变化，不断改革和创新，才能保持自身的生机与活力，并非一成不变。问题是怎样才能始终保持制度的优势？笔者认为，通过灵活运用马克思主义唯物辩证法以及中华传统哲学辩证法思想作为方法论，可以有效指导制度保持优势。

① 何祖坤：《论国家制度优势与国家治理效能》，载《云南社会科学》2020年第1期。

② 叶本乾：《基于“三大逻辑”理解把握国家制度和国家治理体系的显著优势》，载《四川党的建设》2019年第23期。

（一）不仅要看到制度的优势，更要看到制度的不足、短板和弱项

唯物辩证法对立统一原理认为：一切事物都是由既相互对立又相互统一的矛盾组合而成。制度作为一种社会存在，其存在优势的一面，也必然具有不足和弱项的一面，需要辩证地看待制度优势，不能将制度优势绝对化，认可制度的相对优势是较为科学的观点。现阶段，人们更多关注的是制度优势，强调如何将制度优势发挥出来，却更容易忽视制度存在的不足和短板。但按照木桶理论，制度的短板往往会直接影响制度整体的质量水平，过度强调制度优势而忽视制度短板的政治偏好对制度长远发展是不利的。尤其对于一些不能根据经济社会发展进行及时调整的旧制度，往往会因制度短板效应的扩大而导致逐渐丧失制度的优势，遇有突发事件，制度短板将暴露国家治理能力的不足。①如在这次新冠疫情防控中，国家的重大疫情防控体制机制、应急物资储备保障体系、公共卫生应急管理体系、基层治理体系等部分制度的短板和弱项纷纷显现，使得政府在疫情防控初期陷于被动之中。②我们要总结经验教训，深入研究，补齐短板和弱项，除加强对紧急状态相关制度不足的认识外，在常规状态中也要正视各项制度的不足，不断弥补短板。如我国的人民代表大会制度具有保障人民当家作主的制度优势，自新中国成立 70 多年来取得了很多的成绩，但其存续过程中也存在代表履职能力欠缺、监督力度不够等工作机制的各种问题，针对这些问题不断地进行改革完善，从而令人民代表大会制度的整体优势能够保持。

（二）不仅要有制度自信，而且要有制度自省

心理学中将自信定义为个体对自身成功应对特定情境能力的自我效能感。制度自信则可借鉴理解为通过制度实现国家治理的成就感。中国共产党人的制度自信来源于马克思主义政党的本质特征，以实现人类解放、促进每个人自由全面发展为根本目的，代表无产阶级政党的先进性；来源于中国共产党以坚强有力的领导，积极应对不同历史时期出现的各种挑战和风险，提供了坚强的组织和制度保障；来源于不断的探索实践，是顺应时代发展潮流的创

---

① 虞崇胜：《补齐短板：木桶原理在国家治理现代化中的运用》，载《中共中央党校（国家行政学院）学报》2020 年第 1 期。

② 李振佑：《彰显制度优势 补齐治理短板》，载《甘肃日报》2020 年 3 月 17 日第 9 版。

新精神。①自省出自《论语·里仁》："见贤思齐焉，见不贤而内自省也"，是中国人道德修养的一种标准。心理学中将自省定义为通过自我意识来省察自己言行的过程，表现为自我评价、自我反省、自我调控和自我教育。制度自省指的是经常反省制度何以具有优势，能否长久保持优势，如何保持优势等问题来客观地评价制度，及时发现问题并调整改正的优良品质。制度自信是对既有制度优势的肯定，是制度成功的重要动力。制度自省是对现有制度的反思，是制度不断完善的能力建设。保持制度优势既要有制度自信精神，也要有制度自省意识，两者相互补充才能保证制度建设良性发展。以新型冠状肺炎疫情为例，既要看到我国疫情治理取得的成绩，树立党领导下的国家应急管理体系的制度自信，同时也要自我反省，反思疫情发生初期公共卫生体系对突发传染病处置失当的制度漏洞，基于现实、着眼未来，健全制度、补齐短板、加强法治，不断完善国家应对重大风险的治理体系和治理能力建设。

（三）不仅要建构正向的制度群，而且要采取反向制度预设

反向制度预设是笔者提出的一个新的制度理念，因为任何一个制度都有负面效应，在建立这个制度时，需要针对这个制度可能带来的负面问题提前准备好应对措施来加以预防。如果不能解决新制度带来的负面问题，制度实施经过一段时间，问题充分暴露出来之后就可能走回头路，历史上的很多次变法之所以"翻烧饼"，就是没有注意反向制度预设。反向制度预设体现了老子《道德经》中的反向思维方法论。如"治大国若烹小鲜""大邦者下流，天下之交""天下之牝，牝常以静胜牡，以静为下"等都蕴含了反向思维的哲理。反向思维法从事物发展变化的全过程着眼，对事物演化的结果进行反向思考和推理，是一种动态观察法，是全面立体地观察问题、分析问题的方法。与反向思维相对为正向思维，正向思维指按照事物常规发展的进程去思考分析问题，通过已知来推理未知，揭示事物本质的方法。正向思维是人们习惯使用的思维方法，而反向思维则常为人们所忽视，制度的建构同样如此。某些制度的建构按照正向思维设计得十分完善，但因为缺乏反向思维考量，对制度实施带来的负面问题缺乏预案准备，导致制度实施困难重重，否定评价

① 宋斌、李常：《从理论到实践坚持制度自信》，载《攀枝花日报》2020年4月25日第3版。

随之而来。因此，欲保持制度优势，需要这两种辩证思维作为方法论指导，在建构正向的制度群以外，还要采取反向制度预设，做好反向制度设计，以应对不断发展变化的外在环境。

（四）不仅要注意制度的刚性，还要注意制度的柔性

制度通常为大家共同遵守的办事规程或行动准则，其本身就具有刚性的特点。刚性也使得制度能够得到普遍的遵守，有利于维护社会秩序。“道私者乱，道法者治。”我们党之所以能够始终保持先进性，就是因为有着严格的纪律和规矩，纪律严明是我们党的光荣传统和独特优势。[①]现在的制度理论过于强调制度刚性的显著优势，但刚性也存在一定的缺陷，它忽视了社会错综复杂的特殊性，忽略了除公平外的其他价值理念和不可避免的滞后性，过于强调制度的同一性。其实制度的柔性也很重要，所谓柔性就是不要一刀切，要注意制度的类型化，给执法者必要的回旋余地和必要的自由裁量权，否则僵化、机械地执法一定会带来不好的后果。比如，司法建议就是一种柔性的治理方式。它通过较为柔和的方式利用法院和法官专业的知识优势为行政机关提出建议，调动了司法机关承担社会治理的积极功能，同时也消解了一些行政争议问题进入诉讼环节，降低了司法成本。[②]又比如和解制度亦是一种柔性行政执法方式，其制度背后蕴含有平衡论、协商论、替代性纠纷解决等理论支撑，对化解行政争议，节约当事人维权成本等方面均有助益。[③]制度的刚性是制度的底线，没有刚性，制度就没有强制力，也就得不到很好的执行。制度的柔性是制度的上限，它代表了制度的民主化和精细化治理的水平，能够具体问题具体分析，实现个案正义。所以在坚持制度刚性原则的同时，也要注意制度的柔性，以更好地保持制度优势，实现治理效能。

（五）不仅要坚持和巩固优良的制度，还要不断健全和发展制度

树立发展意识、健全意识、完善意识，才能使制度与时俱进，始终保持制度的先进性。中国历史上的很多开国皇帝都说要立万世之法，所立之法要

---

① 清如许：《把制度的刚性立起来》，载《深圳特区报》2019 年 10 月 9 日第 2 版。

② 操旭辉：《柔性的治理：司法建议制度研究》，武汉大学 2014 年博士学位论文。

③ 郝静：《柔性化行政执法：行政强制执行和解制度解析与完善》，载《广东行政学院学报》2013 年第 6 期。

管千秋万代，但经过几代更替后，原有制度就失去了优势。其原因在于继承者们总是认为祖宗之法不可变，坚持固守原有的制度，不愿意完善更新，以致制度越来越不适应变化的社会环境，这是历史给予我们的一个教训。从辩证法永恒发展的原理看，制度优势是相对而言的，过去的制度优势不等于现在的优势，现在的制度优势也不等于未来的优势。世界上没有十全十美的制度，任何制度都存在不完善之处。欲保持制度的先进性，必须与时俱进，不断改革完善，坚持制度创新。习近平总书记指出："我国国家治理体系需要改进和完善，但怎么改、怎么完善，我们要有主张、有定力……要不断革除体制机制弊端，让我们的制度成熟而持久。"[①]制度的改革和不断完善的实质即为制度创新。保持制度优势，需要不断地进行制度创新。制度创新是在坚持制度自信的基础上，对制度中不健全的部分、不完善的环节进行改革、改进，使制度更加科学、更加合理、更加有效。[②]制度创新并不否定制度优势，它首先是在肯定制度优势的基础上，对其不够完善的地方进行改进。制度创新以问题为导向，将制度中的不足之处加以改革，促进制度优势不断焕发生机。另外，能够不断创新的制度本身就是一种制度优势，它可以促使制度随时间、环境的变化而变化，不断解决社会发展所带来的新问题，激发制度的治理潜能。

四、将制度优势转化为治理效能

制度优势不等于治理效能，向制度执行力现代化之目标扎实迈进不仅要长期保持制度优势，更要真正将制度优势转化为治理效能。如何将制度优势转化为治理效能，关键在于转化二字。转化需要媒介，而治理能力就是转化的媒介和枢纽。提高治理能力的科学化、法治化、现代化水平，是将制度优势转化为治理效能的主要路径。

① 参见《习近平谈治国理政》(第一卷)，外文出版社 2014 年版，第 105~106 页。
② 李志昌：《习近平制度建设思想探析》，载《中共云南省委党校学报》2017 年第 1 期。

（一）不断强化制度意识和制度的忧患意识

意识是人脑对客观世界的反映，是客观内容与主观形式的统一。[①] 制度意识则是民众对制度的认识，有学者将制度意识更详细地解读为基于制度的认同感、敬畏感、尊崇感，并将制度内化为自觉遵循的约束并指导自身行为准则的思想觉悟。[②] 制度意识的形成是有阶段性的，从制度认知到制度自觉，从制度自觉到制度自律，从制度自律再到制度自信，从制度自信到制度自省，又从制度自省到制度创新的一个渐进而有层次的过程。制度意识有助于加强民众对制度的理解，树立制度的权威，促进制度的执行，实现国家的有效治理。在思想上增强制度意识是将制度优势转化为治理效能的内在精神需求，也是提高治理能力的重要前提。但强化制度意识首先要建立一套科学合理的制度，这样的制度人们才会认同。其次要培养人们对制度的解读能力，教育人们能够用正确的价值观和专业的视角正确理解制度的内涵，尤其要强化领导干部的制度意识，养成按制度办事的思维习惯。最后要维护制度的权威性，追究违反制度的行为，对遵守制度的行为给予激励。另外，党的十七届四中全会指出："全党必须居安思危，增强忧患意识，常怀忧党之心，恪尽兴党之责。"所以，除强化制度意识外，还要怀有对制度的忧患意识。对制度以后可能面临的困境和风险保持清醒的头脑，做好充分的预判，以完备的预警机制提高治理效能。

（二）要积极能动地遵守和执行制度

制度的生命在于执行，不仅要严格地遵守制度，还要积极能动地执行制度。习近平总书记指出："要强化制度执行力，加强制度执行的监督，切实把我国制度优势转化为治理效能。"[③] 长期以来，我们对制度的制定环节更为关注，认为很多社会问题的产生是缺乏制度规范造成的，但经过多年来的努力，我国的制度体系已相对完备，现在实务中更多的问题是制度没有得到很好的

---

① 李秀林、王于、李淮春主编：《辩证唯物主义和历史唯物主义原理》，中国人民大学出版社2009年版，第52页。

② 董海军：《关于中国特色社会主义制度意识的思考》，载《华南师范大学学报（社会科学版）》2020年第2期。

③ 习近平：《坚持、完善和发展中国特色社会主义国家制度与法律制度》，载《求是》2019年第23期。

执行所导致。那么，如何才能加强制度的执行力，更好地将制度优势转化为治理效能？笔者认为，一是思想上的转变，由被动地遵守制度转变为积极能动地执行制度。制度的执行直接影响治理效能，积极主动地执行制度，可以产生较高的制度绩效，而消极地执行制度甚或不执行制度，会极大损害制度的威信和国家的公信力。二是制度执行机关既要职责明确，又要注意与其他机关密切协作。制度应当明确执行机关的职责范围，执行主体才能积极履责，同时也要注意执行机关在人员、资源及时间上的承受能力。此外，积极能动地执行制度还需要执行机关加强与其他机关的协同合作，形成制度执行合力，大大提高执行效率。三是必须建立健全制度执行的有效保障机制。如健全落实制度执行的监督、问责与惩戒机制，把制度执行力作为干部选拔任用、考核评价的重要依据，建立制度执行的有效反馈机制等配套制度以监督保障制度的执行力。[①] 四是确保制度执行的持久性。制度的执行需要长久的坚持，不应采取运动式治理，随国家政策调整或领导人员更换而停滞，坚持制度执行的常态化和持久化，才能获取制度的长期治理效果。五是注意制度执行的方式。制度的执行不是简单地照本宣科，而是需要深入调查研究，采取的执行措施要符合实际，并注重民主机制在执行中的应用，促进制度的可接受度，有效实现制度转化的目标。

（三）要建立和完善制度治理效能的事前、事后评估制度

在制度实施前要进行评估，在制度实施后也要评估，从中发现预期与结果的差异，这样才能对制度实施的效果究竟如何作出合理评价，对制度不理想之处要怎样矫正提供参考和依据。制度治理效能评估是按照一定的评估标准对制度实施前后的结果进行比较、评价和估量，其评估标准是核心要素。而所谓评估标准是指人们在评价活动中应用于对象的机制尺度和界限，并对评估对象的发展和努力方向具有引导作用。[②] 国家在宏观上的评估标准以习近平总书记提出的“三化”和“八个能否”为指导原则。“三化”指的是：“各方面制度更加科学、更加完善，实现党、国家、社会各项事务治理制度

---

① 李海青：《从四个方面推进制度有效执行》，载《学习时报》2020 年 3 月 16 日第 5 版。

② 王称心：《立法后评估标准的概念、维度及影响因素分析》，载《法学杂志》2012 年第 11 期。

化、规范化、程序化。”[①]“八个能否”指的是：“国家领导层能否依法有序更替，全体人民能否依法管理国家事务和社会事务、管理经济和文化事业，人民群众能否畅通表达利益要求，社会各方面能否有效参与国家政治生活，国家决策能否实现科学化、民主化，各方面人才能否通过公平竞争进入国家领导和管理体系，执政党能否依照宪法法律规定实现对国家事务的领导，权力运用能否得到有效制约和监督。”[②]微观上的评估标准应以“三化”与“八个能否”作为指导思想，从评估主体、评估程序、评估内容、评估方法、反馈机制等各方面进一步构建精细化评估指标体系，使制度治理效能评估制度更具科学性和可操作性。另外，制度治理效能的事前评估制度与事后评估制度在评估内容上应有所偏重。事前评估侧重于对制度实施的必要性、可行性，制度设计的科学性，预期目标的合理性等方面进行客观公正的评估。事后评估则侧重于对制度实施后的社会影响、是否达到预期目标、取得的成果以及非结果性的负面因素等予以评价考量。对于评估主体、评估程序、评估方法及反馈机制等方面则可兼顾事前与事后评估制度的共性与差异，不断创新完善评估制度，建立尽可能科学、公正、客观的制度治理效能评价指标体系。

（四）要用法治思维和法治方式保障制度的执行

依法治国是党领导人民治理国家的基本方略，党的十九届四中全会决定明确提出要坚持和完善中国特色社会主义法治体系，提高党依法治国、依法执政的能力。正确合理运用法治思维和法治方式则是提高法治能力的主要手段。法治思维是基于法治的信念和法治的特性来认识事物、判断是非、解决问题的一种逻辑思维方式，法治方式是运用法治思维处理和解决问题的行为方式。[③]用法治思维和法治方式保障制度执行不仅要求执行的制度本身是合法的，而且要求制度的执行依据、执行程序都要依法进行。法治思维有助于培养人们的法治意识，树立法律的权威，维护公平公正的社会秩序；法治方式可以最大限度地减少政治腐败，保障民主，防止损害人民群众利益的现象出

---

① 参见中共中央文献研究室编：《十八大以来重要文献选编》（上），中央文献出版社 2018 年版，第 549 页。

② 习近平：《习近平著作选读》（第二卷），人民出版社 2023 年版，第 545 页。

③ 俞世裕：《提高法治思维和依法办事能力》，载《浙江日报》2019 年 6 月 12 日第 8 版。

现。法治思维指导着法治方式，处于法治建设的关键地位。法治思维的确立是以法治观念的形成为前提的，而法治观念的形成需要法律专业知识作为基础。[①] 所以，要加强法律知识的宣传和教育，引导人们学习法律知识，继而形成法治观念，确立法治思维，并养成严格按照法律规定从事社会活动及维护权益的习惯。法治方式是通过规范各方主体的权利（权力）、义务、责任的配置实现对社会关系调整的手段。[②] 法治方式的实现离不开各项法律制度的协同配合，其一要以法治思维为指导；其二要建立完善的立法制度，将制度规范化、合法化；其三要健全法律监督制度，用法律制约权力（权利）的正确行使，并能够依法追究违法责任。各项制度相互补充、相互协调才能促进制度合法合规地转化成功。用法治思维和法治方式保障制度的执行对领导干部尤为重要，领导干部更需加强法律知识的学习，在思想上确立法治思维，自觉依法决策、依法行政，更好地提高组织领导能力，保障制度依法执行。[③]

（五）要注重培养确保制度得以实施的一支坚强的执法队伍

制度实施的主体是人，人的因素十分重要。有的制度质量不高，但执行制度的人贤能、有德行，就可以发挥主观能动性在自由裁量权范围内弥补制度的缺失和不足，而德行不好的人，即使制度再完备，也会钻制度的漏洞，使制度的执行坑国害人。《孟子·离娄上》第一章提到："是以惟仁者，宜在高位，不仁而在高位，是播其恶于众也。"在孟子看来，只有心怀仁义的人才适合担任君王，体现的是中国传统价值观人治的思想。我国传统社会的人治包括德治、礼治和法治，其中德治是根本，礼治用来实现德治，法治用来补充和保障礼治。[④] 但随着人类文明的发展，人治的弊端日益显现，国家在治理方式上转变为现代意义上的法治。但法治亦有短板，不仅作为制度之一的法律有"良法""恶法"之别，而且法治的规范领域也是有限度的，单纯依靠法

① 刘作翔：《法治思维如何形成？——以几个典型案例为分析对象》，载《甘肃政法学院学报》2018 年第 1 期。

② 孙昭：《思维·行为·氛围：领导干部法治能力现代化的生成路径》，载《党政研究》2018 年第 1 期。

③ 杜敏：《加强依法治理 提升治理效能》，载《安徽日报》2019 年 11 月 19 日第 6 版。

④ 江畅：《中国传统价值观的人治德治礼治法治考论》，载《江苏行政学院学报》2019 年第 1 期。

治难以有效地治理社会所有问题。所以，还是需要运用德治等其他手段作为补充，将法治与德治配合起来，从外在行为规范和思想道德引导上共同施力，提高执法队伍综合素质，形成良性互动。具体来说，一是严格准入资格条件，将综合素质高的人员遴选至执法队伍，并保证重要执法岗位人员具有法律职业资格；二是加强思想教育和职业能力培训，不断提升执法人员政治素养和专业能力；三是通过机构改革整合资源，将执法力量优化组合充实到一线，细化岗位职责设置，不断探索协同联动执法机制；四是加大执法工作的财政投入，提高一线执法人员的工资待遇，对工作表现优异、积极履职的人员给予正向激励；五是严格执法监督制度规范，对违法违规的人员进行惩戒，加强纪律和法律的监督作用；六是加强执法方式的信息化、智能化改革，用现代技术手段提升执法能力。通过培养一支坚强的执法队伍，确保制度能够贯彻落实并实现效能转化。

总之，制度是否具有优势要从治理效果上评判。不断提升制度执行力，将制度优势转化为治理效能对提高综合国力、促进经济社会发展具有十分重要的意义。当然，将制度优势转化为治理效能是一个宏观层面的国家课题，在实践中虽已取得一定的成绩，但现有理论回应尚显不足。如何在理论上加强制度优势的解释力，更有说服力地论证将制度优势转化为治理效能的可行性，还需要进一步加强对制度理论的研究。

◉ 第五章 ◉

人大制度现代化

人民代表大会制度是我国宪法确立的政权组织形式，“是坚持党的领导、人民当家作主、依法治国有机统一的根本制度安排”，“是支撑国家治理体系和治理能力的根本政治制度”。[①] 各级人民代表大会是人民行使国家权力的机关，对人民负责，受人民监督；国家行政机关、监察机关、审判机关、检察机关都由人民代表大会产生，对人大负责，受人大监督。习近平总书记高度重视坚持和发展人大制度、做好人大工作，就此发表一系列重要论述，作出一系列重要部署，闪耀着社会主义民主与法治的光芒，标志着我们党对人大制度的规律性认识达到了一个新高度，推动人大工作取得了历史性成就。

时任全国人大常委会委员栗战书委员长将习近平总书记关于坚持和完善人大制度重要思想的主要内容概括为坚持中国共产党领导、坚持走中国特色社会主义政治发展道路、坚持和完善人民代表大会制度、坚持人民当家作主、坚持全面依法治国、坚持民主集中制、坚持全面贯彻实施宪法、坚持以良法促进发展保障善治、坚持正确监督有效监督、坚持民有所呼我有所应等十个

---

① 习近平：《论坚持全面依法治国》，中央文献出版社 2020 年版，第 71 页、第 73 页。

方面。[①] 可见，对于人大制度和人大工作，既可以从国家根本政治制度角度来学习研究，也可以从推进全面依法治国角度来学习研究。目前，习近平总书记关于人大制度和人大工作重要论述的研究成果中，较多的是从我国根本政治制度的内涵和优势、民主政治的本质和特色、政治宏观运行等政治学角度展开的，[②] 也有的是从法学角度进行研究阐释。[③] 人民代表大会制度是我国的根本政治制度，这是人大制度的总体定位。从坚持中国特色社会主义政治发展道路的关键点来讲，人大制度是"打通坚持党的领导、人民当家作主、依法治国有机统一的重要制度平台和有效载体"。[④] 从坚持党的领导角度来讲，人大制度"是我们党对国家事务实施领导的一大特色和优势"。[⑤] 从发展社会主义民主角度来讲，人大制度"是中国人民当家作主的重要途径和最高实现形式"。[⑥] 坚持和完善中国特色社会主义制度、推进国家治理体系和治理能力现

---

① 栗战书：《加强理论武装 增强"四个意识"推动新时代人大制度和人大工作完善发展——在深入学习贯彻习近平总书记关于坚持和完善人民代表大会制度的重要思想交流会上的讲话》，载《中国人大》2018 年第 19 期。

② 例如，杨景宇：《厘清我国人民代表大会制度与西方国家政权制度的本质区别》，载《前线》2020 年第 6 期；欧阳康、余扬：《新时代坚持和完善人民代表大会制度的多维路径》，载《南京师范大学学报（社会科学版）》2020 年第 4 期；潘国红：《在新的历史起点上坚持和完善人民代表大会制度——学习习近平同志关于人大制度和人大工作的重要论述》，载《人大研究》2017 年第 5 期；田芝健、吉启卫：《马克思主义国家理论与当代中国国家建设和治理实践相结合的创新成果——学习习近平总书记关于人民代表大会制度的有关论述》，载《人大研究》2016 年第 7 期；李树春、王勇刚：《治国理念的精髓 制度自信的灵魂——学习习近平总书记系列重要讲话关于坚持和完善人民代表大会制度的论述》（上、下），载《吉林人大》2016 年第 11 期、第 12 期；方涛：《民主政治建设的中国主张——深入学习习近平总书记在庆祝全国人民代表大会成立 60 周年大会上的讲话》，载《人大研究》2014 年第 12 期；邹通祥：《以习近平总书记 9.5 讲话精神为指导 把握和认清人民代表大会制度发展新趋势》，载《人大研究》2014 年第 11 期；以及胡凯、程兰：《习近平对中国特色社会主义民主政治的创新性发展》，载《理论视野》2020 年第 8 期；王磊、王进芬：《习近平关于社会主义民主政治建设重要论述探微》，载《广西社会科学》2019 年第 11 期；胡伟：《人民当家作主是社会主义民主政治的本质——习近平论社会主义民主政治发展道路》，载《毛泽东邓小平理论研究》2018 年第 10 期。

③ 主要有石佑启：《论新时代人民代表大会制度的完善发展》，载《广东社会科学》2020 年第 3 期。另外，以下论文涉及但不全是法治视角，肖金明：《新时代人民代表大会制度的创新发展》，载《新疆师范大学学报（哲学社会科学版）》2020 年第 5 期；郝铁川、竺常赟：《试论习近平同志关于人大理论和工作的新阐述》，载《学习与探索》2019 年第 8 期；于玉宏：《习近平关于人民代表大会制度的重要论述及其价值》，载《南昌大学学报（人文社会科学版）》2018 年第 6 期。

④ 《栗战书在深入学习贯彻习近平总书记关于坚持和完善人民代表大会制度的重要思想交流会上强调 坚持党的领导、人民当家作主、依法治国有机统一 为建设社会主义现代化国家更好发挥人大职能作用》，载《人民日报》2020 年 12 月 22 日第 1 版。

⑤ 江泽民：《江泽民文选》（第一卷），人民出版社 2006 年版，第 111 页。

⑥ 胡锦涛：《胡锦涛文选》（第二卷），人民出版社 2016 年版，第 231 页。

代化，需要坚持和完善人民代表大会制度这一根本政治制度，关于如何实现人大制度现代化，我们认为，可以从坚持和完善人大制度在坚持党的领导、实现国家生活法治化、保证国家治理统一高效等方面发挥的基础性作用角度切入和阐释。同时，虽然人大制度并非只关涉人大这一个国家机关，但人大作为国家权力机关，是人大制度的核心，人大工作是人大制度运行的引擎，坚持和完善人大制度同进一步做好人大工作息息相关。所以，本章在对上述每一个方面的法治机理作出阐释之后，还将根据习近平关于做好人大工作的重要论述，提出更好地发挥人大职能作用的一些建议。

一、坚持在党的领导下发展和完善人大制度

中国共产党领导是中国特色社会主义最本质的特征，也是中国特色社会主义制度最大的优势。习近平总书记 2020 年 11 月 16 日在中央全面依法治国工作会议上强调："全面依法治国是要加强和改善党的领导，健全党领导全面依法治国的制度和工作机制，推进党的领导制度化、法治化，通过法治保障党的路线方针政策有效实施。"[①] 作为中国法治体制的重要环节，一方面，人大制度对于巩固党的领导和执政地位具有不可替代的作用；另一方面，要以完善党领导人大制度机制进一步驱动人大制度现代化。

（一）人大制度支撑党的领导的法治机理

第一，全国人大制定宪法，确定了党的领导地位。1954 年《宪法》在序言中确认了党领导人民建立新中国的历史功绩，规定了工人阶级领导的、以工农联盟为基础的人民民主专政国体。根据马列主义基本原理，工人阶级领导就是通过工人阶级的先锋队——共产党来领导。[②] 现行《宪法》序言进一步采用叙述历史和表达意志两种形式确定了党的领导地位。习近平在 2014 年 10 月 20 日就党的十八届四中全会决定稿向全会作说明时鲜明指出："我国宪法以根本法的形式反映了党带领人民进行革命、建设、改革取得的成果，确立

① 习近平：《论坚持全面依法治国》，中央文献出版社 2020 年版，第 2 页。

② 参见《列宁选集》（第四卷），人民出版社 1972 年版，第 483 页；《毛泽东选集》（第四卷），人民出版社 1991 年版，第 1480 页。

了在历史和人民选择中形成的中国共产党的领导地位。对这一点，要理直气壮讲、大张旗鼓讲。”[①] 为了在全体人民中强化党的领导意识，把党的领导落实到国家工作全过程和各方面，2018 年《宪法修正案》明确将党的领导载入正文，从社会主义制度的本质属性角度明确了党的领导地位。宪法是我们党长期执政的根本法律依据。党领导人民制定宪法法律，领导人民实施宪法法律，党自身必须在宪法法律范围内活动。《宪法》是全国人大制定和修改的，并由全国人大及其常委会来监督实施。全国人大忠实反映全体人民的意愿和选择，确定了中国共产党在国家和社会生活中的领导核心地位。所以，我们遵守《宪法》就包括自觉接受党的领导主张、切实贯彻党的决策部署；实施宪法就包括落实党的领导原则、继续推进党的领导制度化法治化；捍卫宪法就包括维护党的领导和执政地位，真正做到“两个维护”。正如习近平 2015 年 2 月 2 日在省部级主要领导干部学习贯彻党的十八届四中全会精神全面推进依法治国专题研讨班上所强调的：“坚持依宪治国、依宪执政，就包括坚持宪法确定的中国共产党领导地位不动摇，坚持宪法确定的人民民主专政的国体和人民代表大会制度的政体不动摇。任何人以任何借口否定中国共产党领导和我国社会主义制度，都是错误的、有害的，都是违反宪法的，都是绝对不能接受的。”[②]

第二，党通过各级人大实现长期执政。党的执政地位是人民的选择，党对自身性质和宗旨的坚守践行使得党经得起历史变迁考验和人民民主选举。党章总纲规定，党除了工人阶级和最广大人民群众的利益，没有自己特殊的利益。这是我们党作为马克思主义政党区别于其他政党的显著标志。习近平在纪念毛泽东诞辰 120 周年座谈会上指出：“党的一切工作，必须以最广大人民根本利益为最高标准。检验我们一切工作的成效，最终都要看人民是否真正得到了实惠，人民生活是否真正得到了改善，人民权益是否真正得到了保障。”[③] 习近平 2014 年 9 月 5 日在庆祝全国人民代表大会成立 60 周年大会上的讲话（以下简称为庆祝全国人大成立 60 周年讲话）中强调：“中国共产党的

---

① 习近平：《论坚持全面依法治国》，中央文献出版社 2020 年版，第 92 页。

② 中共中央文献研究室编：《习近平关于全面依法治国论述摘编》，中央文献出版社 2015 年版，第 36 页。

③ 中共中央文献研究室编：《十八大以来重要文献选编》（上），中央文献出版社 2014 年版，第 698 页。

领导，就是支持和保证人民实现当家作主。”[①] 正因如此，我们党能够带领人民实现站起来、富起来、强起来的三大历史飞跃，从而得到最广大人民群众的信任和拥护，党的一批优秀成员得以在1953年举行的中国历史上第一次规模空前的普选以及在此基础上自下而上逐级产生的人民代表大会中占据绝大多数席位，并且在之后每届地方各级人大和全国人大当中都保持这一绝对优势，从而成为在中国长期执政的党。

第三，党通过人大制度实现治国理政决策主张。党的主张是把公民的各种利益诉求综合协调起来上升为全体人民的整体利益和共同意志的体现。习近平在庆祝全国人大成立60周年讲话中指出：“我们必须坚持党总揽全局、协调各方的领导核心作用，通过人民代表大会制度，保证党的路线方针政策和决策部署在国家工作中得到全面贯彻和有效执行。”[②] 人大制度对贯彻落实党的主张的保证作用主要通过以下途径来实现：其一，各级人大及其常委会通过法定程序将党的主张转化为法律法规或者决定决议，从而以国家意志来推行党的主张；其二，各级人大及其常委会通过法定程序将党组织推荐的人选选举、决定任命为国家政权机关的领导人员，从而使体现党的主张的法律和决定由党的领导干部来负责组织实施；其三，各级人大常委会依照宪法和监督法等法律规定对宪法法律和决定决议的实施情况进行检查，对同级“一府一委两院”的工作进行监督，从而保障体现党的主张的法律和决定得到正确有效的执行。党的十八届四中全会提出的党坚持依法执政需要做到的“三个统一”“四个善于”，主要的制度依托就是人大制度。

（二）加强和改善党对人大的领导

人大制度是在党的领导下探索建立、巩固发展的。坚持党的领导，是实行人大制度的内在要求，也是人大制度的优势所在；是人大工作的首要政治原则，也是做好人大工作的根本保证。要在党的领导下坚持、发展和完善人大制度，为全面依法治国提供坚实制度保障。

第一，党要把人大工作摆在重要位置。办好中国的事情，关键在党。我们党一贯重视人大工作。党的十八大以来，以习近平同志为核心的党中央全

---

① 习近平:《论坚持全面依法治国》，中央文献出版社2020年版，第71页。

② 习近平:《论坚持全面依法治国》，中央文献出版社2020年版，第71页。

面加强党对人大工作的领导。党的十八届三中、四中全会，党的十九大，党的十九届三中、四中全会，党的二十大等都就完善人大制度、加强人大工作和建设作出重要决策部署。从 2015 年开始，习近平总书记每年年初主持召开中央政治局常委会会议，听取全国人大常委会党组工作汇报。在党中央的示范引领下，地方各级党委常委会召开会议听取同级人大常委会党组工作汇报。在此基础上，地方党委常委会可以把每年听取一次人大常委会党组工作汇报调整为年初、年中两次，坚持经常研究人大工作中的重要问题。党委要善于运用法治方式、通过人大来实施对国家和社会的领导，对于全局性、根本性、长远性的事项，通过人大或者人大常委会依法作出决定决议。各级人大常委会党组要严格执行《中国共产党重大事项请示报告条例》，确保人大工作的正确方向。

第二，党要积极支持人大履职，树立人大威信。习近平担任福建省宁德地委书记时就曾指出："各级党委要积极支持人大依法行使职权，树立人大的威信，帮助解决实际问题。"党委要"尽可能为人大工作创造必要的条件"。[①]党的十八大之后，党的十八届三中全会提出各级政府重大决策出台前向本级人大报告，加强人大预算决算审查监督、国有资产监督职能等；党的十八届四中全会提出完善全国人大及其常委会宪法监督制度，发挥人大及其常委会在立法工作中的主导作用等；党的十九大报告提出"使各级人大及其常委会成为全面担负起宪法法律赋予的各项职责的工作机关，成为同人民群众保持密切联系的代表机关"；党的十九届三中全会提出完善人大专门委员会设置；党的十九届四中全会提出健全人大组织制度、选举制度和议事规则，适当增加基层人大代表数量等重要决策部署；党的二十届三中全会提出健全人大对行政机关监察机关、审判机关、检察机关监督制度，完善《监督法》及其实施机制，强化人大预算决算审查监督和国有资产管理、政府债务管理监督，健全人大议事规则和论证、评估、评议、听证制度，丰富人大代表联系人民群众的内容和形式。党中央转发了全国人大常委会党组关于加强县乡人大工作和建设的若干意见、关于健全宪法解释工作程序的意见等文件，专门出台

① 习近平:《摆脱贫困》，福建人民出版社 1992 年版，第 139 页、第 140 页。

了《中共中央关于建立国务院向全国人大常委会报告国有资产管理情况制度的意见》，中央办公厅印发了《关于健全人大讨论决定重大事项制度、各级政府重大决策出台前向本级人大报告的实施意见》《关于人大预算审查监督重点向支出预算和政策拓展的指导意见》。以上举措对于支持人大履职、树立人大威信起到了很好作用，下一步要认真贯彻落实，并在实践中不断发展完善。

第三，党要依宪科学协调各国家机关之间的关系。在人大制度这个平台上，要特别注意把党总揽全局、协调各方同人大、政府等国家机关依照宪法法律、积极独立地履职统一起来。人类社会步入现代之后，政府承担着更为繁重的改革发展任务，行政权力在国家权力各个分支中权重很大，权力机关如何既授权让政府干更多的事，又监督政府干正确的事、正确地干事，是现代“行政国家”的共同议题。在我国发展社会主义民主政治、建设社会主义法治国家的进程中，党的领导核心地位不能动摇，同时也要依照人大制度的精神进行总揽全局、协调各方。党应当“支持和促进各国家机关在宪法和法律框架下的分工和配合，既要避免基于长期习惯而出现的权力不均衡，也要避免基于现实功利而出现的权力争夺或责任推诿”；“应当支持各国家机关之间通过相互沟通解决公权力争议，也要支持各国家机关通过宪法实施监督机制解决公权力争议”。[①] 并且，权力协调配合与权力监督制约不是同一个层面的问题，监督制约是基础，没有监督制约，也就不需要协调配合。协调是要对彼此拆台、效率低下、背离政权人民性本质和服务性目标的那种变味异化的监督制约进行校正。监督和制约本身不是目的，但监督制约是一种较好的发现和纠正问题的途径。所以，党对国家机关进行领导时，“总揽”应当是在保证国家机关权力独立前提下的总揽，“协调”应当是在维护国家权力监督制约基础上的协调。[②]

第四，坚持党管干部原则与人大依法行使选举权、任免权相统一。习近平总书记早就讲过，“党委和人大的关系中一个重要问题就是干部任免问题……人事任免工作既要体现党管干部的原则，又要体现人大和人大代表的监督作

---

① 董茂云：《党对国家机关的领导要顺应依法执政的要求》，载《政治与法律》2015 年第 3 期。
② 蒋清华：《支持型监督：中国人大监督的特色及调适》，载《中国法律评论》2019 年第 4 期。

用”。[1]1990年出台的《中共中央关于地方党委向地方国家机关推荐领导干部的若干规定》首次以党内法规的形式对党委的干部推荐权与人大的人事任免权之间的关系作了安排。历次制定、修订《党政领导干部选拔任用工作条例》都对党委依法向人大推荐干部人选作出规定。党的十八届四中全会提出:“善于使党组织推荐的人选通过法定程序成为国家政权机关的领导人员。”时任全国人大常委会副委员长的王晨同志指出:“坚持党管干部原则与人大依法行使选举权任免权相统一，严格依照法定职权和法定程序选举和任免国家机关领导人员、组成人员和有关工作人员，保证党组织推荐的人选成为国家机关领导人员。”[2]2019年修订后的《党政领导干部选拔任用工作条例》第50条规定，党委推荐的领导干部人选，在人大选举、决定任命或者人大常委会任命、决定任命前，如果人大代表或者人大常委会组成人员对所推荐人选提出不同意见，党委应当认真研究，并作出必要的解释或者说明;如果发现有事实依据、足以影响选举或者任命的问题，党委可以建议人大或者人大常委会按照规定程序暂缓选举、任命、决定任命，也可以重新推荐人选。这是坚持党的领导、人民当家作主和依法治国三者有机统一的重要规定，应在实践中认真执行。随着社会主义民主政治的不断发展，将来可以逐步扩大党委向人大推荐人选的差额比例，从而既保证党长期执政，又更充分体现人民当家作主。

二、健全人大主导立法体制机制和监督制度

如前所述，习近平总书记强调，人民代表大会制度是坚持党的领导、人民当家作主、依法治国有机统一的根本制度安排。这表明人大制度对于法治建设有着基础性的重大作用。法治包括国家法治、政党法治、社会法治等各个方面。人大制度作为国家政治制度，主要是在国家生活法治化方面发挥基础性作用，健全人大主导立法体制机制和监督制度亦为促进人大制度现代化的重要着力点。

---

① 习近平:《摆脱贫困》，福建人民出版社1992年版，第140页。

② 王晨:《坚持和完善人民代表大会制度这一根本政治制度》，载《人民日报》2019年11月19日第6版。

（一）人大制度推动国家生活法治化的法治机理

首先，人大制度是社会主义民主政治法治化的基础性平台。社会主义民主政治相比于资本主义民主政治的优越性在于社会主义民主是最广泛、最真实、最管用的民主。同时，总结我国民主政治建设正反两方面经验，社会主义民主首先必须是有秩序的民主，而不是无政府主义状态的“大民主”，或者极端个人主义的民主化；其次必须是有法制来保障的民主，以避免“人亡政息”。邓小平 1978 年 12 月 13 日在中央工作会议闭幕会上的讲话（该讲话被称为党的十一届三中全会的主题报告）中有这样一句名言：“为了保障人民民主，必须加强法制。必须使民主制度化、法律化，使这种制度和法律不因领导人的改变而改变，不因领导人的看法和注意力的改变而改变。”①习近平在庆祝全国人大成立 60 周年讲话中重申了这一重要观点，强调发展人民民主必须坚持依法治国、维护宪法法律权威，使民主制度化、法律化。②党的十八届四中全会《中共中央关于全面推进依法治国若干重大问题的决定》提出“推进社会主义民主政治法治化”。党的十九大报告进一步提出“用制度体系保证人民当家作主”，“推进社会主义民主政治制度化、规范化、程序化”。党的二十大报告提出，要健全人民当家作主制度体系，扩大人民有序政治参与，保证人民依法实行民主选举、民主协商、民主决策、民主管理、民主监督，发挥人民群众积极性、主动性、创造性，巩固和发展生动活泼、安定团结的政治局面。

那么，民主政治的法治化是如何形成的？这首先要靠人大制度。第一，国家的一切权力属于人民，人民通过民主选举产生人大，即人民将自己的权力授予人大，由人大统一行使国家权力，对人民负责并接受人民的监督，这是人民主权的直接体现。第二，从中央到地方各级国家行政、监察、审判、检察机关都由人民代表大会产生，对人大负责，受人大监督。也即，国家权力各个分支的产生都体现了人民代表的意志，并且接受人民代表的监督，从而间接保证人民当家作主。第三，人民依照法律规定，通过各种途径和形式，管理国家事务，管理经济和文化事业，管理社会事务。而这个“法律”，首

① 《邓小平文选》（第二卷），人民出版社 1994 年版，第 146 页。

② 习近平：《论坚持全面依法治国》，中央文献出版社 2020 年版，第 72 页。

先就是人民通过全国人大制定的。这也是人民当家作主的一种实现形式，只不过不是直接民主，而是间接民主、参与民主、协商民主。由此可见，人大制度是人民当家作主的根本制度安排和重要法律途径，正如习近平所指出的“通过人民代表大会制度牢牢把国家和民族前途命运掌握在人民手中”。[①]

其次，人大制度是国家各项工作法治化的基础性平台。法治是治国理政的基本方式。习近平 2013 年 1 月 3 日对做好新形势下政法工作作出批示时首次提出“法治中国”概念。[②] 党的十八届四中全会首次专门研究法治问题，作出了全面推进依法治国若干重大问题的决定，旗帜鲜明地提出坚持走中国特色社会主义法治道路，建设中国特色社会主义法治体系、建设社会主义法治国家。习近平在作党的十八届四中全会决定稿说明时强调“法律是治国之重器，法治是国家治理体系和治理能力的重要依托”。[③] 党的十九大报告强调“深化依法治国实践”。党的二十大报告专章部署“坚持全面依法治国，推进法治中国建设”。2018 年正式组建中央全面依法治国委员会，习近平在第一次会议上指出“法治兴则国兴，法治强则国强”，“治国理政须臾离不开法治”。[④] 在庆祝全国人大成立 60 周年讲话中，习近平指出：“要通过人民代表大会制度，弘扬社会主义法治精神，依照人民代表大会及其常委会制定的法律法规来展开和推进国家各项事业和各项工作……实现国家各项工作法治化。”[⑤] 人大制度在促进国家各项工作法治化上的基础性作用体现为：

首先，人大为国家发展各项事业、开展各项工作提供了基本的法律规范。建设中国特色社会主义法治体系，必须坚持立法先行，发挥立法的引领和推动作用。全国人大及其常委会行使国家立法权，设区的市以上的地方人大及其常委会行使地方立法权。法律的效力高于地方性法规。民族自治地方的人大依法制定自治条例和单行条例，报全国人大常委会或者省级人大常委会批准后生效。由此，各级人大常委会依法进行人事任免、决定重大事项、开展监督，各级政府依法行政、管理社会事务，各级监察委员会依法对所有行使

① 习近平：《论坚持全面依法治国》，中央文献出版社 2020 年版，第 70 页。
② 习近平：《论坚持全面依法治国》，中央文献出版社 2020 年版，第 17 页。
③ 习近平：《论坚持全面依法治国》，中央文献出版社 2020 年版，第 85 页。
④ 习近平：《论坚持全面依法治国》，中央文献出版社 2020 年版，第 225 页、第 227 页。
⑤ 习近平：《论坚持全面依法治国》，中央文献出版社 2020 年版，第 72 页。

公权力的公职人员进行监察，各级法院依法审判，各级检察院依法检察，基层群众性自治组织依法开展自我管理、自我服务、自我教育、自我监督。

其次，“一府一委两院”也为推进国家各项事业和各项工作供给法律规范，但效力位阶低于同级人大及其常委会制定的法律或地方性法规，人大通过法规、司法解释备案审查制度来保证国家法制统一。国务院制定的行政法规，国家监察委员会制定的监察法规，最高人民法院、最高人民检察院制定的司法解释，以及港澳特别行政区立法机关制定的法律，都要接受全国人大常委会备案审查；地方政府制定的规章，接受本级人大常委会备案审查，设区的市、自治州政府规章还要报省、自治区人大常委会备案。同宪法、法律相抵触的行政法规、地方性法规、规章等都要由人大依法予以处理、纠正。

再次，人大除了为国家的日常工作供给法律规范，还为国家发展所需的改革工作供给法律规范或者法治授权。习近平总书记高度重视处理好改革和法治的关系。2014 年 10 月 27 日，在中央全面深化改革领导小组第六次会议上，习近平强调：“要实现立法和改革决策相衔接，做到重大改革于法有据、立法主动适应改革发展需要。”[①]2015 年 2 月 2 日，在省部级主要领导干部专题研讨班上，习近平进一步指出：“要坚持改革决策和立法决策相统一、相衔接，立法主动适应改革需要，积极发挥引导、推动、规范、保障改革的作用，做到重大改革于法有据，改革和法治同步推进，增强改革的穿透力。”[②]在改革和法治的关系中，党发挥领导核心作用，人大则发挥枢纽转换作用。对于实践证明行之有效的改革做法，应尽快通过人大上升为法律；对于需要先行先试的重大改革举措，应由人大作出授权，从而实现既不随意违背现行法律规定，又不简单以现行法律规定为由迟滞改革的法治化改革目标。

最后，人大依法行使监督权，维护国家法制统一，保证宪法法律正确实施。全国人大及其常委会监督宪法的实施，开展合宪性审查工作。各级人大常委会依法组织开展执法检查，对法律法规实施情况进行评价，提出执法中存在的问题和改进执法工作的建议，对有关法律法规提出修改完善的建议。各级人大常委会依法对同级“一府一委两院”的工作进行监督，督促这些国

---

① 习近平：《论坚持全面依法治国》，中央文献出版社 2020 年版，第 37 页。

② 习近平：《论坚持全面依法治国》，中央文献出版社 2020 年版，第 38 页。

家机关严格执法、严肃监察、公正司法。人大的这些监督工作，对于促进国家各项工作法治化具有重要作用。此外，各级人大常委会可以依法对同级“一府一委两院”有关负责人员提出询问或者质询，可以依法开展特定问题调查。各级人大有权依法罢免其选举的国家机关领导人员，各级人大常委会有权依法撤销国家机关领导人员的职务。这些监督工作可能是人大出于维护法治尊严而开展的，因而也是在促进国家生活法治化。

（二）更好发挥人大在主导立法、加强监督等方面的职能作用

要健全人大主导立法体制机制和监督制度，充分发挥人大制度推动国家生活法治化功能。

1. 健全人大主导立法体制机制

中国特色社会主义法律体系已经形成，同时还需要随着时代和实践发展而不断发展，加快形成完备的法律规范体系。习近平在庆祝全国人大成立 60 周年讲话中对加强和改进立法工作提出三点要求：一是要加强重点领域立法，二是要坚持问题导向，三是要抓住提高立法质量这个关键。[①] 在接下来召开的党的十八届四中全会上，习近平从解决立法领域突出问题的角度对完善立法体制作出专门论述，其中特别指出：“立法工作中部门化倾向、争权诿责现象较为突出，有的立法实际上成了一种利益博弈，不是久拖不决，就是制定的法律法规不大管用。”[②] 可以说，这是立法质量不高、效率不高的一个重要的深层次原因。为此，习近平开出了发挥人大在立法工作中的主导作用这一药方。2019 年党的十九届四中全会通过的《中共中央关于坚持和完善中国特色社会主义制度推进国家治理体系和治理能力现代化若干重大问题的决定》提出“完善党委领导、人大主导、政府依托、各方参与的立法工作格局”。

根据《中共中央关于全面推进依法治国若干重大问题的决定》、2015 年修改后的《立法法》，以及《法治中国建设规划（2020—2025 年）》[③] 等精神，人大主导立法工作的体制机制主要有：第一，在立法规划环节发挥主导作用。

---

① 习近平：《论坚持全面依法治国》，中央文献出版社 2020 年版，第 73~74 页。

② 习近平：《论坚持全面依法治国》，中央文献出版社 2020 年版，第 95 页。

③ 《中共中央印发法治中国建设规划（2020—2025 年）》，载《人民日报》2021 年 1 月 11 日第 1 版。

人大常委会通过任期内立法规划、年度立法计划等形式加强对立法工作的统筹安排，围绕贯彻落实党委重大决策部署确定立法项目，引领各方面的立法工作。第二，在立法起草环节发挥主导作用。人大常委会加强对本地区立法工作的组织协调，人大有关的专门委员会、常委会工作机构应当提前参与有关方面的法律法规草案起草工作，综合性、全局性、基础性的重要法律法规草案最好由专门委员会或常委会工作机构牵头起草。第三，在立法审议环节发挥主导作用。发挥人大及其常委会的审议把关作用，探索增加人大常委会审议法律法规草案的会次安排，保证充足的审议、修改时间。第四，在立法表决环节发挥主导作用。完善表决程序，对存在较大争议的条款可以进行单独表决。第五，更好发挥人大代表在立法工作中的作用，编制立法规划、计划应当认真研究代表议案和建议，人民代表大会会议一般都应当安排审议法律法规案。第六，加强专业能力建设，逐步提高人大常委会专职委员特别是有法治实践经验的专职委员比例，建立健全人大专门委员会、常委会工作机构立法专家顾问制度等。

以上举措，有的已经落实得较好，例如人大制定立法规划、牵头起草重要法律法规草案等。有的措施已经出台了细化的制度安排，例如，为了加强对立法工作的组织协调，2017 年 12 月，全国人大常委会办公厅公开发布了《关于立法中涉及的重大利益调整论证咨询的工作规范》《关于争议较大的重要立法事项引入第三方评估的工作规范》，对此，要在实践中贯彻落实。有的措施还需要进一步探索推进。例如，党的十八届四中全会首次提出的重要条款单独表决制度，《立法法》修改时对此作了基本规定，通过“北大法宝”检索，截至 2020 年仅有广东省、浙江省宁波市两个地方人大常委会就法规草案重要条款单独表决问题制定了专门规定。单独表决制度对于加强人大对立法工作的主导，实现科学民主立法具有重要意义，需要进一步建立具体制度规范，就单独表决的提议主体、可选方案、通过比例以及表决后如何处理等重要问题作出明确规定。

2. 健全人大对“一府一委两院”的监督制度

习近平 2012 年 12 月 4 日在首都各界纪念现行宪法公布施行 30 周年大会上的讲话（以下简称为纪念现行宪法 30 周年讲话）、庆祝全国人大成立 60 周年讲话中都专门就各级人大及其常委会要担负起宪法和法律赋予的监督职责提出了要求。人大监督工作主要由其常设机关即人大常委会来承担，包括两大方面：一是法律监督，二是工作监督。法律监督的目的在于保证法规、司法解释等规范性文件符合宪法和法律的规定、原则及精神，维护国家法制统一。工作监督的目的在于督促“一府一委两院”依法行使职权、正确实施法律、正确贯彻国家的方针政策，具体又包括专项工作监督、计划和预算执行情况监督、执法检查等。

第一，在法律监督方面，基本的制度设计是《立法法》《各级人民代表大会常务委员会监督法》规定的备案审查制度。备案审查制度是一项宪法性制度。[①]党的十八大以来，党中央高度重视运用备案审查制度来维护国家法制统一、保证宪法法律的正确实施。党的十八届三中全会提出健全备案审查制度。党的十八届四中全会进一步提出“加强备案审查制度和能力建设，把所有规范性文件纳入备案审查范围，依法撤销和纠正违宪违法的规范性文件，禁止地方制发带有立法性质的文件”。2015 年修改《立法法》时进一步完善备案审查机制，增加规定主动审查机制、反馈机制和公开机制，提高对“问题法规”进行处理纠正的刚性化。《立法法》2023 年修正时增加了专项审查、建立健全备案审查衔接联动机制等内容。2019 年 12 月，全国人大常委会委员长会议通过《法规、司法解释备案审查工作办法》，将原有的《行政法规、地方性法规、自治条例和单行条例、经济特区法规备案审查工作程序》和《司法解释备案审查工作程序》合并进行修改完善，是贯彻党中央决策部署，在加强备案审查制度建设方面取得的重要成果。党的十八大以来，全国人大常委会、有关地方人大常委会通过加强备案审查工作，纠正了一批违法或者不适应新时代法治精神的法规、司法解释、规章、行政规范性文件，备案审查制度已被全面激活，有件必备、有备必审、有错必纠正在以前所未有的力度、广度和深度推进。在此基础上，人大加强法律监督，进一步做好备案审查工作还需要在如下两方面发力：

一是在备案审查工作中加强合宪性审查。习近平在党的十九大报告中令

① 沈春耀：《健全保证宪法全面实施的体制机制》，载《中国人大》2019 年第 22 期。

人瞩目地提出了“加强宪法实施和监督，推进合宪性审查工作，维护宪法权威”。2018 年 1 月 19 日党的十九届二中全会第二次全体会议上，习近平讲到加强备案审查工作时专门指出：“全国人大常委会的备案审查工作，当然就包括审查有关规范性文件是否存在不符合宪法规定、不符合宪法精神的内容，要加强和改进这方面的工作。”[①]《法治中国建设规划（2020—2025 年）》要求：“在备案审查工作中，应当注重审查是否存在不符合宪法规定和宪法精神的内容。”我们认为，合宪性审查工作不但要推进，还要彰显。比如有学者提出，全国人大常委会法工委 2019 年备案审查工作情况报告指出，有的地方性法规关于交通管理部门调查交通事故时可以查阅复制当事人通信记录的规定“不符合保护公民通信自由和通信秘密的原则和精神”（这是《宪法》第 40 条的规定），但回避了“宪法”字眼。[②]我们欣喜地看到，全国人大常委会法工委 2020 年备案审查工作情况报告首次明确指出了有的地方性法规关于民族学校应当使用本民族语言文字或者本民族通用的语言文字进行教学等规定与《宪法》关于国家推广全国通用的普通话的规定以及《国家通用语言文字法》《教育法》等法律的规定不一致，回应了社会对备案审查工作（报告）合宪性审查“不彰”的关切，是一个重大进步。备案审查工作应加强合宪性审查，并向社会通报有关情况，以看得见的方式树立宪法权威、捍卫宪法尊严。

二是强化对地方“一府一委两院”规范性文件的备案审查。习近平在庆祝全国人大成立 60 周年讲话中指出：“地方人大及其常委会要依法保证宪法法律、行政法规和上级人大及其常委会决议在本行政区域内得到遵守和执行。”[③]《法规、司法解释备案审查工作办法》第 55 条规定，地方各级人大常委会参照本办法对依法接受本级人大常委会监督的“一府一委两院”制定的有关规范性文件进行备案审查。《法治中国建设规划（2020—2025 年）》提出“强化对地方各级政府和县级以上政府部门行政规范性文件、地方各级监察委

---

① 习近平：《论坚持全面依法治国》，中央文献出版社 2020 年版，第 206~207 页。

② 张翔：《2019 年宪法实施报告》，载江必新主编：《中国法治实施报告（2019）》，人民法院出版社 2020 年版，第 24 页。

③ 习近平：《论坚持全面依法治国》，中央文献出版社 2020 年版，第 75 页。

员会监察规范性文件的备案审查……将地方法院、检察院制定的规范性文件纳入本级人大常委会备案审查范围”。实践中，地方人大常委会对这些规范性文件的审查要特别关注地方行政规范性文件是否违法设立行政许可、行政处罚、行政强制、行政征收、行政收费等事项；地方监察规范性文件是否在规定监察机关调查、处置具体措施上存在明显违背比例原则而严重不利于被调查人基本权利保障的问题；地方司法规范性文件是否存在作出涉及具体应用法律的解释性规定，以及做好适当性审查，即这些文件是否存在与党中央重大决策部署不相符、与国家重大改革方向不一致、现实情况与制定之初相比发生重大变化而不宜继续施行等问题。

第二，在工作监督方面，《各级人民代表大会常务委员会监督法》规定了听取和审议专项工作报告、审查和批准决算、听取和审议国民经济和社会发展计划以及预算的执行情况报告和审计工作报告、检查法律法规实施情况、询问、质询、特定问题调查、撤职等几种形式。党的十八届三中全会提出通过询问、质询、特定问题调查等积极回应社会关切。全国人大常委会党组落实党中央部署，先后出台《全国人大及其常委会依法开展质询工作的实施意见》《关于改进完善专题询问工作的若干意见》等文件。《法治中国建设规划（2020—2025 年）》提出切实加强对执法、司法工作的监督，其中当然包括了人大监督。人大的工作监督与法律监督相比，监督对象更复杂，形式更灵活，结论更多样，所以人大开展工作监督关键是要提高针对性、增强实效性，既敢于监督，又善于监督，通过工作监督帮助有关国家机关查找问题并督促其及时整改。可以考虑更多地把听取专项工作报告与执法检查有机结合起来，把专项监督和综合监督有机结合起来，把初次监督和跟踪监督有机结合起来。在执法检查中，注意分辨良法执行不力问题和法律需要修改问题。在专题询问中，发问、应答的质量都还需要进一步提高，发问人应事先进行深入调研，真正问到关键和要害部位；应询人要避免作汇报业绩式的回答，不能避重就轻。目前，质询、特定问题调查、撤职这三种形式很少使用，是今后加强工作监督的方向之一。

三、发挥人大制度优势以推进治理现代化

习近平在纪念现行宪法30周年讲话中指出："要按照宪法确立的民主集中制原则、国家政权体制和活动准则，实行人民代表大会统一行使国家权力，实行决策权、执行权、监督权既有合理分工又有相互协调，保证国家机关依照法定权限和程序行使职权、履行职责，保证国家机关统一有效组织各项事业。"[①] 在庆祝全国人大成立60周年讲话中，习近平进一步强调："民主集中制是中国国家组织形式和活动方式的基本原则……国家机关实行决策权、执行权、监督权既有合理分工又有相互协调；在中央统一领导下，充分发挥地方主动性和积极性，保证国家统一高效组织推进各项事业。""要坚持和完善民主集中制的制度和原则，促使各类国家机关提高能力和效率、增进协调和配合，形成治国理政的强大合力，切实防止出现相互掣肘、内耗严重的现象。"[②] 坚持民主集中制是中国特色社会主义国家制度与法律制度的突出特点和主要优势之一，人大制度正是民主集中制贯彻于国家政权的支撑和依托。坚持和完善人大制度，有利于充分发挥我国社会主义民主政治特点和优势，更好地把制度优势转化为治理效能。

（一）人大制度保障国家治理统一高效的法治机理

第一，人大制度是承载民主集中制的法治平台。现行《宪法》第3条第1款规定国家机构实行民主集中制的原则，然后第2款、第3款、第4款分别从人民与各级人大的关系、人大与同级其他国家机关的关系、中央与地方的关系三个方面对民主集中制原则进行具体化。[③] 这三个方面均与人大制度密切相关。

对于前两个方面，本文第二部分从人民当家作主角度作了分析，这里从民主集中制角度来讲就是，各级人大都由民主选举产生，人大是统一行使国家权力的机关，对人民负责、受人民监督，这个环节主要体现国家政权的民

① 习近平：《论坚持全面依法治国》，中央文献出版社2020年版，第12页。
② 习近平：《论坚持全面依法治国》，中央文献出版社2020年版，第72~73页、第83页。
③ 肖蔚云：《我国现行宪法的诞生》，北京大学出版社1986年版，第104页。

主基础；其他国家机关都由人大产生，对人大负责、受人大监督，这个环节主要体现国家事务的各个具体管理机关获得代表民意的人大的授权，分别集中地执行人大制定的法律和政策决定。正如毛泽东1945年4月24日在党的七大上所作的政治报告《论联合政府》所言："新民主主义的政权组织，应该采取民主集中制，由各级人民代表大会决定大政方针，选举政府。它是民主的，又是集中的，就是说，在民主基础上的集中，在集中指导下的民主。只有这个制度，才既能表现广泛的民主，使各级人民代表大会有高度的权力；又能集中处理国事，使各级政府能集中地处理被各级人民代表大会所委托的一切事务，并保障人民的一切必要的民主活动。"[①] 用彭真1982年11月26日在五届全国人大五次会议上作的宪法修改草案报告（现行《宪法》制定说明）中的话来讲就是，"在法律的制定和重大问题的决策上，必须由国家权力机关，即全国人大和地方各级人大，充分讨论，民主决定，以求真正集中和代表人民的意志和利益；而在它们的贯彻执行上，必须实行严格的责任制，以求提高工作效率。这种责任制对于发展社会主义民主，保证人民行使国家权力，是不可缺少的。人民通过国家权力机关作出决定以后，只有这些决定得到行政机关的迅速有效的执行，人民的意志才能得到实现"。[②]

对于第三个方面即单一制之下的中央与地方关系，也是首先靠人大制度来保障的。发挥好中央和地方两个积极性，始终是处理中央和地方关系的根本原则。习近平2018年2月26日在党的十九届三中全会上作的《关于深化党和国家机构改革决定稿和方案稿的说明》中指出："要理顺中央和地方职责关系，中央加强宏观事务管理，地方在保证党中央令行禁止前提下管理好本地区事务，合理配置各层级间职能，构建简约高效的基层管理体制，保证有效贯彻落实党中央方针政策和国家法律法规。"[③] 根据《宪法》和有关法律的规定，全国人大是最高国家权力机关，它的常设机关是全国人大常委会。地方各级人大是地方国家权力机关，设立常委会。全国人大常委会有权撤销地方

---

① 《毛泽东选集》（第三卷），人民出版社1991年版，第1057页。

② 《彭真文选》（一九四一——一九九〇年），人民出版社1991年版，第456页。

③ 本书编写组：《〈中共中央关于深化党和国家机构改革的决定〉〈深化党和国家机构改革方案〉辅导读本》，人民出版社2018年版，第87页。

人大及其常委会制定的同宪法、法律和行政法规相抵触的地方性法规和决议，有权撤销省级人大常委会批准的同《宪法》和《立法法》有关规定的自治条例和单行条例；有权将香港、澳门特别行政区立法机关制定的不符合港澳基本法中关于中央管理的事务及中央和特区关系条款的任何法律发回，使其立即失效。以上这些规定体现了人大制度对《宪法》第 3 条第 4 款里“中央统一领导”的保障。同时，地方人大及其常委会可以依法制定地方性法规、作出重大事项决议，地方人大产生的地方政府可以依法制定规章、作出行政决定和命令。以上这些规定体现了人大制度对《宪法》第 3 条第 4 款里“充分发挥地方的主动性、积极性”的支持。概言之，理顺中央和地方职责的关系，离不开人大制度这个平台。

第二，人大制度是发挥民主集中制强大治理功效的优良制度。国家决策权、执行权、监督权既合理分工又相互协调，可以集中力量办大事，将民主与集中、自由与秩序、公平与效率统一起来。我国社会主义制度的这个优越性要充分发挥，需要人大制度良好运行。

首先，为了更加专业有效地开展国家治理活动，国家权力必须有恰当的分工。从《共同纲领》特别是“五四宪法”开始，我国的人大制度就一方面强调人民通过人大来统一行使国家权力，另一方面在此前提下进行明确的权力分工。改革开放之后制定现行《宪法》时，这种安排的目的被明确表述为：“国家机构的这种合理分工，既可以避免权力过分集中，又可以使国家的各项工作有效地进行。”[①]

其次，我国《宪法》确立的这种国家机构分工，是民主集中制原则之下的权力分工体制，根本区别于西方资本主义国家实行的分权制衡原则之下的权力分立体制。分权原则及其体制的要害是在权力分工的基础上让不同权力分支之间相互牵制，以达到某种意义上的“均衡”。在我国，人大是高于同级“一府一委两院”的，既不与它们平行，更不受它们的制约。至于“一府一委两院”之间，虽然按照宪法和有关法律的规定，它们之间存在一定的制约、监督关系，但这种制约和监督并不是为了使它们之间相互牵制、势均力敌，

---

① 《彭真文选》(一九四一——一九九〇年)，人民出版社 1991 年版，第 456 页。

而是为了更好地开展工作，助力国家任务和目标的实现，所以在制约和监督的同时还强调相互配合和协作。这就是彭真在制宪说明中指出的民主集中制原则体现的第三个要求——“使各个国家机关更好地分工合作、相互配合”。[①]例如，《宪法》第127条规定“监察机关办理职务违法和职务犯罪案件，应当与审判机关、检察机关、执法部门互相配合，互相制约”。

再次，为了保证人民的意志得以正确高效的执行，人大依照宪法和法律拥有对“一府一委两院”的监督权。但人大的这种监督不是消极意义上的对“一府一委两院”进行牵制，而是积极意义上的“促进型监督”。对此，1986年7月，时任全国人大常委会秘书长王汉斌主持起草的报告稿《关于加强人大工作的几个问题》较早地作出了全面清晰的论述：“我国的人民代表大会制度，既不同于资本主义国家议会的模式，也不同于苏联及其他一些社会主义国家议会的模式，人大常委会同政府不能唱对台戏，也不能只是走形式的‘橡皮图章’。我们的人大同政府的根本任务、根本目标是一致的，是互相配合、互相支持的。但是，也有不同的分工，不同的职责，不同的作用。”[②]习近平总书记在中央人大工作会议上强调，在我国的政治体制中，人大对于“一府一委两院”具有监督作用，推动各国家机关形成工作合力。例如，在《立法法》设计的备案审查制度中，全国人大常委会对于问题法规首先是向制定机关提出意见、进行沟通，督促制定机关自行纠正，制定机关拒不纠正的，才启动撤销程序。

最后，还需指出的是，人大制度对民主集中制原则的承载和运行，与党的领导密切相关。我国的人大制度是党领导下的人大制度。党在国家机构以及整个国家治理体系中居于领导核心地位，总揽全局、协调各方。人大作为国家权力机关，在国家机构中居于优越地位。人大监督必须坚持党的领导，这里既有坚持正确政治方向的含义，也有寻求党委支持的含义。党委对人大与其他国家机关的关系进行协调，就包括支持人大依法行使监督权。正如2019年9月24日习近平主持十九届中央政治局第十七次集体学习时所强调的：“在党的领导下，各国家机关是一个统一整体，既合理分工，又密切协

---

① 《彭真文选》（一九四一—一九九〇年），人民出版社1991年版，第456页。

② 王汉斌：《社会主义民主法制文集》（上），中国民主法制出版社2011年版，第186页。

作，既充分发扬民主，又有效进行集中，克服了议而不决、决而不行、行而不实等不良现象，避免了相互掣肘、效率低下的弊端。”①

（二）完善人民当家作主制度体系，推进国家治理现代化

要充分发挥人大制度保障国家治理统一高效的功能，需要人大在讨论决定重大事项、处理好监督与支持关系等方面进一步加强探索。

1. 健全人大讨论、决定重大事项制度

习近平在纪念现行宪法 30 周年讲话、庆祝全国人大成立 60 周年讲话中都强调了“人民代表大会统一行使国家权力”② 这一我国政体的基本原则。人大统一行使国家权力是我国坚持人民主权原则、保证人民当家作主的制度安排，不是抽象的，而是具体的，其中重要的一条就体现为治国理政重大决策由人大作出。1954 年 9 月 15 日，刘少奇在一届全国人大第一次会议上所作的制宪说明中指出：“我们国家的大事不是由一个人或少数几个人来决定的。人民代表大会制度既规定为国家的根本政治制度，一切重大问题就都应当经过人民代表大会讨论，并作出决定。”③ 现行《宪法》第 104 条规定，县级以上地方各级人大常委会讨论、决定本行政区域内各方面工作的重大事项。根据宪法精神，应摒弃“与党委争权、与政府为难”的不当观念，将“党委领导（决策）—政府执行”的传统做法转变为“党委领导（决策）—人大决定—政府执行”。为此，党的十八届三中全会通过的《中共中央关于全面深化改革若干重大问题的决定》提出“健全人大讨论、决定重大事项制度，各级政府重大决策出台前向本级人大报告”。2017 年 1 月，中办印发《关于健全人大讨论决定重大事项制度、各级政府重大决策出台前向本级人大报告的实施意见》。地方人大常委会纷纷制定修订了讨论、决定重大事项的规定。根据党中央的决策部署，在同级党委领导下，地方各级人大常委会讨论、决定重大事项的实践日益丰富，同时也催生了进一步健全人大讨论、决定重大事项制度的需求。

例如，在“重大事项”的范围确定上，各地的细化规定并不完全一致，

① 习近平：《论坚持全面依法治国》，中央文献出版社 2020 年版，第 265 页。

② 习近平：《论坚持全面依法治国》，中央文献出版社 2020 年版，第 12 页、第 72 页。

③ 《刘少奇选集》（下卷），人民出版社 1985 年版，第 157 页。

如何与2019年出台的行政法规《重大行政决策程序暂行条例》所规定的重大行政决策事项相衔接？哪些属于应当提请人大常委会审议并作出决议决定的事项，哪些属于人大常委会审议后提出意见建议，在必要时作出决议决定的重大事项；或者从治理效率角度考虑，是否需要作出这样的划分，可否将后者纳入人大监督权范畴，通过听取专项工作报告等形式来加强监督即可？又如，重大事项议题的征集、提出、确定，调查研究、听取意见、评估论证、信息公开等工作还需要进一步规范化、程序化。再如，在责任追究方面，对于应当由人大常委会作出决定，政府未经人大决定就自行公布实施的，是否属于《地方各级人民代表大会和地方各级人民委员会组织法》第44条规定的人大常委会有权撤销本级政府“不适当的决定”的范畴，还需要明确。目前，在人大的四权中，只有重大事项决定权尚无全国性立法予以规范和保障。所以，一方面，地方人大常委会要按照习近平关于“创造性地做好立法、监督等工作”的重要指示，[①]根据《宪法》和人大制度精神，结合本地实际继续深化探索健全本地人大讨论、决定重大事项的制度；另一方面，全国人大常委会可以在研究各地人大讨论、决定重大事项实践经验的基础上制定各级人大常委会讨论、决定重大事项工作办法，成熟后上升为法律，为贯彻落实党的十九大报告提出的“使各级人大及其常委会成为全面担负起宪法法律赋予的各项职责的工作机关”提供法制支撑。

2. 科学认识和处理监督与支持的关系

习近平总书记在庆祝全国人大成立60周年大会上的讲话中强调：“人民代表大会制度的重要原则和制度设计的基本要求，就是任何国家机关及其工作人员的权力都要受到制约和监督。”[②]在我国国家生活的各种监督中，作为国家权力机关的人大依照宪法法律所开展的监督是最高层次的监督。前文从实践层面作了讨论，这里还有必要从理论层面说明人大监督与国家治理统一高效是一致的，要科学认识和处理人大对“一府一委两院”的监督和支持之间的关系。

---

① 《习近平对地方人大及其常委会工作作出重要指示强调 结合地方实际创造性做好立法监督等工作 更好助力经济社会发展和改革攻坚任务》，载《人民日报》2019年7月19日第1版。

② 习近平：《论坚持全面依法治国》，中央文献出版社2020年版，第74~75页。

现行《宪法》施行以来，大多数年份的全国人大常委会工作报告在阐述监督工作时常常把“监督”与“支持”联系起来，提出监督既是制约也是支持和促进、在监督中体现支持之类的观点。但细致分析起来，人大对其他国家机关的“支持”，其实有两种含义：一是指人大监督所具有的目的和作用，即督促被监督的国家机关把工作做得更好，正所谓“寓支持于监督之中”。二是指人大支持其他国家机关依法履职，正所谓人大与其他国家机关的关系是“既有监督也有支持”，主要包括以下情形：人大对其他国家机关严格依法行使职权给予法律评价上的支持，人大对其他国家机关特别是政府在特定时期应对特定事件（如自然灾害、传染病疫情等）需采取的特别措施给予法律依据或者法律程序上的支持，对其他国家机关开展改革试点工作给予法律依据或者法制授权上的支持。由此可见，对于第一种意义上的“支持”，其实更准确的用语是“督促”“促进”，而使用“监督也是支持”这一修辞可能含有人大希望得到其他国家机关对自己开展监督工作给予充分理解配合的用意。第二种意义上的“支持”，则既不是监督的一种方式，也不是监督的目的和作用，也即并不属于人大监督权的范畴，而是属于人大的立法权、重大事项决定权、人事任免权范畴，实质是人大作为国家权力机关对其他国家机关的工作提供合法性支撑。[①] 人大监督的“支持”作用，还可以从对人民主权的支持、对民主集中制中人民统一意志的支持、最根本的是对党的领导的支持等政治角度来理解。但在人大开展具体的监督工作时，应明确地把监督与支持分开，人大监督过程中如果说有支持的成分，那也只是指人大对其他国家机关依法、正确行使职权的肯定。[②]

因此，认识人大“监督”与“支持”的关系问题，应正确区别工作修辞与法律含义。从法理上讲，“正确处理监督和支持的关系”的命题应当适用于人大的整体工作而非单指监督工作，要处理好的关系是人大的监督权与人大其他职权之间的关系，而人大在行使监督权时，尽管不同于西方分权体制

① 参见蒋清华：《支持型监督：中国人大监督的特色及调适》，载《中国法律评论》2019 年第 4 期。

② 参见刘松山：《认识人大监督与支持关系的难点和根本所在》，载《苏州大学学报（法学版）》2020 年第 3 期。

中的制衡型监督、否决型监督，但也绝不是以“支持”为其主要内涵。人大监督就是要发现问题并纠正，或者督促有关国家机关改进，从而确保宪法法律得以正确实施，确保党和国家的决策部署得到贯彻落实。我们注意到，习近平总书记在庆祝全国人大成立60周年大会讲话中专门论及“加强和改进监督工作”，但没有出现监督也是支持之类的观点。习近平总书记在中央人大工作会议上指出，用好宪法赋予人大的监督权，实行正确监督、有效监督、依法监督。栗战书所作的2019年、2020年全国人大常委会工作报告也没有出现此前工作报告中提到的监督也是支持之类的论述，而是更多地强调正确监督、有效监督。各级人大常委会应该在党的领导下，切实担负起宪法法律赋予的监督权，在建设严密的法治监督体系中发挥自己的重要作用。

人民代表大会制度是中国共产党领导中国人民在人类政治制度史上的伟大创造。“实践充分证明，人民代表大会制度是符合中国国情和实际、体现社会主义国家性质、保证人民当家作主、保障实现中华民族伟大复兴的好制度。”[①] 在新发展阶段，我们要以习近平法治思想为指导，高度重视人大职权内涵式发展、人大组织制度和议事规则完善、人大自身建设不断加强、人大代表作用更好发挥对于全面依法治国的重要意义，深化人大制度理论研究，深化人大依法行使职权、全面履行职责、充分发挥职能作用实践，为把我国根本政治制度的优势转化为治理效能作出新贡献。

① 习近平：《论坚持全面依法治国》，中央文献出版社2020年版，第70页。

◉ 第六章 ◉

依法行政制度体系现代化
——以行政相对人协力义务之制度构建为例

2004 年，国务院发布《全面推进依法行政实施纲要》，提出“全面推进依法行政，经过十年左右坚持不懈的努力，基本实现建设法治政府的目标”。2015 年，中共中央、国务院印发《法治政府建设实施纲要（2015—2020 年）》，提出“经过坚持不懈的努力，到 2020 年基本建成职能科学、权责法定、执法严明、公开公正、廉洁高效、守法诚信的法治政府”。2017 年，党的十九大进一步提出，“坚持全面依法治国，坚持依法治国、依法执政、依法行政共同推进，坚持法治国家、法治政府、法治社会一体建设”。《法治政府建设实施纲要（2021—2025 年）》将总体目标设定为“到 2025 年，政府行为全面纳入法治轨道……为到 2035 年基本建成法治国家、法治政府、法治社会奠定坚实基础”。党的二十大报告指出，法治政府建设是全面依法治国的重点任务和主体工程。

突如其来的新冠肺炎疫情造成深远影响，如何有效应对重大突发公共卫生事件带来的危害与影响，不断拷问着各国政府的快速反应能力与资源配置效率，并极大激发了国家与私主体之间的协作与互动。《传染病防治法》第12条规定："在中华人民共和国领域内的一切单位和个人，必须接受疾病预防控制机构、医疗机构有关传染病的调查、检验、采集样本、隔离治疗等预防、控制措施，如实提供有关情况。"这里的接受"调查、检验、采集样本""隔离治疗""如实提供"都是对单位、个人明确提出的协作要求，在学理上被认为是一种协力义务。此外，在重大突发公共卫生事件的应急处置中，对中、高风险地区的要求要明显严于其他地区，行政相对人遵守这些规定、配合各种检查，包括出示"健康码"等，实质上也是履行协力义务的具体表现。

行政相对人协力义务在我国经由重大突发公共卫生事件防控的推进，展开了一幅生动的实践画卷。与之形成鲜明对比的是，对行政相对人协力义务的理论和实践的研究却付之阙如。一直以来，基于控权法、救济法的传统学科定位，行政法学界更多地关注公权力主体的权力和义务、行政相对人的权利，对行政相对人的义务研究则相对薄弱。由此带来的问题是：

一方面，相关理论研究的匮乏制约了行政相对人协力义务制度的发展。行政相对人协力义务的基本内涵、协力义务是否具有正当性、协力义务的基本特征、行政相对人履行协力义务的限度，行政相对人对协力义务是否有拒绝权、抵抗权等，这些问题都尚未展开系统全面的理论研究。由此直接导致了行政相对人协力义务的适用频频遭遇合法性危机。例如，全国曾有一些地方发出通告：没有接种疫苗的，将影响出行、孩子暂缓上学、停发工资——甲地对公职人员提出接种疫苗的要求：不打疫苗将停发工资、三代以内亲属限期接种；乙地则发布通知要求，所有党政机关、企事业单位工作人员（含离退休人员、临时工、政府购买岗位）不能提供接种禁忌证明又不接种者，一律停发工资、停止上班；丙地则要求，各个阶段（含幼儿园、小学、初中、高中）学生户口本上的家庭成员，凡是符合接种条件的在开学前要完成接种。未完成接种的，学生将暂缓入学。这些规定和要求，也引发了社会的普遍关注和热议。

另一方面，系统化的制度缺失影响了行政相对人协力义务的实施效果。行政相对人协力义务是普遍存在于行政管理活动中的，但是目前行政相对人的协力义务的相关规定仅仅散见于部分法律、法规中。例如，1996年10月实施后 2021 年大修的《行政处罚法》第 55 条规定了当事人或者有关人员如实回答询问，协助调查或检查的义务，对行政相对人协力义务作了更具体、明确的要求。但是，总体而言，目前行政相对人协力义务的有关规定不同程度地存在着不系统、不细致，较少规定行政相对人违反协力义务应承担的法律后果等诸多问题。这些问题已经成为制约行政相对人协力义务制度进一步发展的障碍。

行政相对人实施的与行政有关的活动是行政法律关系的重要组成部分。[①] 从某种意义而言，行政相对人义务的设定，不仅仅是为了完成行政过程，也是为了有效保护其在各种行政法律关系中的权利。对行政相对人协力义务进行系统化、制度化的构建，从明晰其含义及其法律地位入手，以合法性、合理性等为基本原则，按照不同标准实现类型化制度设计，并从法律责任与引导激励两个方面形成行政相对人协力义务的激励约束机制，应当作为依法行政制度体系现代化的重要切入点之一。

一、依法行政制度体系现代化的重要意义

习近平总书记指出："依法治国是我国宪法确定的治理国家的基本方略，而能不能做到依法治国，关键在于党能不能坚持依法执政，各级政府能不能依法行政。"[②] 党的十九大报告指出，深化依法治国实践，必须建设法治政府，推进依法行政，严格规范公正文明执法。党的二十大报告强调，坚持依法治国、依法执政、依法行政共同推进。法治政府建设是现代国家政治文明的重要标志，是实现治理体系和治理能力现代化的必由之路。政府是国家政治和社会治理的重要主体，实现现代政治文明和社会治理现代化，必然要求建设法治政府；法治政府建设是全面推进依法治国的关键。全面依法治国是中国特色社会主义的本质要求和重要保障。依法行政是法治政府的应有之义，是依法治国基本方略能否实现的关键之一；法治政府建设是实现党依法执政的

---

① ［德］汉斯·J. 沃尔夫、奥托·巴霍夫、罗尔夫·施托贝尔：《行政法》（第二卷），高家伟译，商务印书馆 2014 年版，第 5 页。

② 习近平：《加快建设社会主义法治国家》，载《求是》2015 年第 1 期。

重要保障。法治政府建设，是确保严格、公正、文明执法的基本途径，是推进法治社会建设的引领力量，是构建和谐社会的根本保障。因此，加快推进依法行政，如期建成法治政府，至关重要。党的十九大报告提出，从2020年到2035年，法治国家、法治政府、法治社会基本建成。2018年3月，时任国务院总理李克强在十三届全国人大一次会议作政府工作报告中提出，“全面推进依宪施政、依法行政。严格遵守宪法法律，加快建设法治政府，把政府活动全面纳入法治轨道”。健全依法行政制度体系是推进政府治理体系现代化的前提和基础。

要实现依法行政制度体系现代化之目标，就需要对行政法律规范进行适度体系化。当前，与刑法、民法领域体系化进程相比，行政法领域存在明显滞后，最为突出的是缺乏一部行政基本法。制定一部规范所有行政行为，在行政法体系中起纲要性、通则性、基础性作用的法律，同时包含程序性和实体性问题的规定，对于推进法治政府建设具有基础性意义。制定行政基本法，可以使行政管理和公共服务领域尽快地实现有法可依全覆盖；最大限度地节省成本提高行政效能；避免立法资源的浪费；有利于克服单行法律规范的内在冲突；有利于相对人依法维护自身的权益；有利于执法人员完整把握行政法治的基本精神，更好地推进依法行政。当前，制定行政基本法的时机已经成熟：大量单行行政法律已经出台；法院大量行政裁判积累了充足的实践经验；行政法理论已经取得丰硕成果；域外（如荷兰）已经有相关立法经验等。在具体内容上，我国的行政基本法要为行政活动提供基本的法治原则，为行政活动确定正当的法律程序，为行政活动提供充分的监管和规制手段，以及应用的各种前提条件和基准；要为行政主体规定资格、权限、职责、转授、委托、回避、职务协助以及相互关系，为行政主体确定基本的法律义务和职责；要确定行政法律行为的成立、生效以及合法要件和事实行为的合法要件，为行政行为确定法定事实要件的证明方法、规则和标准，为行政行为设定有效的监督途径和救济机制；要规定行政参与人与利害关系人的法律地位，规定管辖的基本原则和管辖争议的处理，等等。当然，制定行政基本法要高度重视行政程序的规制；必要的时候，也可以考虑制定单行的行政程序法。

二、行政相对人协力义务的含义及性质界定

公私之间的互相依赖使得政府与社会的分界逐步淡化，越来越向伙伴关系发展，“平等地分担任务和责任，用合作来取代单方的努力”。[①] 重大突发公共卫生事件背景下，需要充分彰显行政相对人协力义务所承载的制度功能和法治价值，公权力主体和行政相对人加强相互合作、行政相对人积极履行协力义务，对于有效处置突发重大公共卫生事件、保障人民基本权益、实现社会稳定更为必要和紧迫。下文拟论证行政相对人协力义务的重大意义，厘定其基本定义和性质，阐释行政相对人协力义务的正当性、必要性，并结合行政相对人协力义务的现实状况对我国行政相对人协力义务的发展提出若干思考和建议。笔者认为，行政相对人协力义务这一重要制度的发展和完善，应当置其于社会发展、行政民主、相对人权益保护的高度；合法、合理、科学、规范地配置行政主体、行政相对人的权利义务；明确行政相对人履行协力义务的程序、边界；明晰行政相对人违反协力义务的法律责任；有效激发、促进行政相对人积极履行协力义务。

概念是思维活动的逻辑起点，行政相对人协力义务的定义是认识和完善行政相对人协力义务制度的前提和基础。同时，基本概念一般也是歧义最多的概念。当前，理论界在行政相对人协力义务的概念问题上，并没有达成统一的意见。因此，对行政相对人协力义务的基本概念进行梳理和界定尤为必要。

（一）现有行政相对人协力义务概念的梳理

目前，学界从不同的视角，对行政相对人协力义务的概念进行了界定，主要有：一是从行政主体角度加以界定。较为典型的观点是：“行政协力是行政主体依法要求或接受公民、法人或其他组织协助、配合其完成既定行政目标的行政行为”[②]“行政相对人协力义务指行政主体在从事紧急公务时，有关组

---

① 王敬波：《面向分享经济的合作规制体系构建》，载《四川大学学报（哲学社会科学版）》2020 年第 4 期。

② 陈峰：《行政协力行为初论》，载《东方法学》2009 年第 4 期。

织或个人有协助执行或者提供方便的强制义务，违法者将承担法律责任”。[①]二是从行政调查角度加以界定。有学者认为，相对人的协助义务是指作为调查对象的相对人，有接受、配合行政执法人员检查的义务。[②]许多国外学者认为，当事人协力义务就是指行政调查当中的当事人协力义务。三是从举证责任角度加以界定。有学者认为，在行政调查领域，行政相对人的协力义务就是其举证责任，至少也是其举证责任的一部分。[③]四是从行政协力角度加以界定。广义的行政协力指行政主体借助其他行政法主体实现行政目标的所有行为。中义的行政协力指行政主体借助私主体完成行政目标的行政行为。狭义上的行政协力专指“行政相对人的协力”。[④]五是从义务角度加以界定。行政相对人协力义务为“行政参与人有服从行政管理、协助公务、维护公益、接受行政监督、提供真实咨询和遵守法定程序的义务等”。[⑤]六是从行政相对人协力义务的类型化角度加以界定。有学者从行政处罚调查程序、行政诉讼（争讼）中的协力义务等角度对行政相对人协力义务进行界定。上述观点均有一定的合理性，对我们理解行政相对人协力义务都有裨益。但也在一定程度上存在视角不全面、内涵界定不明晰等不足。

（二）对行政相对人协力义务概念性质的厘清

笔者认为，对行政相对人协力义务的界定，需要结合其性质加以展开。

行政相对人协力义务具有“法定性”。在行政相对人协力义务是否必须有法律的明确依据问题上，仍存在争议。有学者认为，对于剥夺行政相对人权利的行政职权以及专有职权的行政协力，必须有法律、法规和规章（以规章不违反法律、法规为前提）的依据……另外一些行政事项范围内，只要不违背法律精神和法律目的，即可实施行政协力行为。[⑥]政法上的义务是指特定的

---

① 罗豪才、湛中乐主编：《行政法学》（第二版），北京大学出版社 2006 年版，第 50 页。

② 宋雅芳：《论行政调查中相对人协助义务的限度》，载《河南社会科学》2006 年第 5 期。

③ 徐继敏：《行政程序证据规则与案例》，法律出版社 2011 年版，第 55~70 页。

④ 黄学贤：《行政程序中的协力行为研究——基于两岸理论与实践的比较》，载《苏州大学学报（哲学社会科学版）》2006 年第 5 期。

⑤ 姜明安主编：《行政法与行政诉讼法》，北京大学出版社、高等教育出版社 1999 年版，第 133 页。

⑥ 陈峰：《行政协力行为初论》，载《东方法学》2009 年第 4 期。

法律主体通过或根据法律规范被要求从事特定的作为，容忍和不作为。[①]具有法律法规上的明确规定，是行政相对人协力义务的重要特征。一般认为，仅仅要求行政相对人"应当"而没有相应的责任之规定，不构成法律之上的义务，这也使得行政相对人的协力义务有别于协力负担。因此，行政相对人协力义务具有"法定性"，这也是行政相对人违反协力义务，需要承担法律后果的前提条件。

行政相对人协力义务具有"合目的性"。所谓协力，本身就含有"同心""共同努力"的意蕴。"在社会契约的缔结过程中，每个人为寻求一个更大的社会公意的庇护而对自身权利进行一定的让渡，允诺政府为维护社会秩序之需对其自由设置必要的限制。"[②]行政协力行为是行政主体和行政相对人为实现公共利益、达成行政目的的共同行为。行政相对人协力义务的设定出发点正是基于维护社会公益之考量。因此，行政相对人协力义务具有明显的目标性。在社会实践中，行政相对人协力义务最为常见的种类有配合义务、协助行政调查义务、提供资料（支持）义务等，这正是行政主体和行政相对人共同完成行政任务的必然要求。

行政相对人协力义务具有"权利义务复合性"。对行政相对人而言，行政协力义务是权利抑或义务，或者权利义务兼而有之，学界目前仍存有争议，倾向性的意见是行政相对人协力义务既是权利，也是义务。笔者认为，从权利和义务相结合的角度来理解行政相对人的协力义务，可能更能接近和体现行政相对人协力义务的本意。引言所提及的行政相对人接种疫苗，《基本医疗卫生与健康促进法》第21条已经明确规定：接种免疫规划疫苗是居民的权利和义务。行政相对人协力义务的复合性特点，也是行政相对人协力义务具有正当性的重要立论基础，我们将在下文详述。

综上，我们认为，行政相对人协力义务是为达到特定行政目的，行政相对人依据有关法律法规之规定，必须作出一定行为，或不得作出一定行为的义务。如违反协力义务之规定，行政相对人将承担不利后果。

---

① ［德］汉斯·J. 沃尔夫、奥托·巴霍夫、罗尔夫·施托贝尔：《行政法》（第一卷），高家伟译，商务印书馆2007年版，第473页。

② ［法］卢梭：《社会契约论》，何兆武译，商务印书馆2009年版，第28页。

三、行政相对人协力义务的正当性及必要性分析

行政相对人协力义务大量存在于社会管理领域之中，不少法律法规都规定了行政相对人的协力义务。行政相对人协力义务的广泛存在，足以证明这一制度的存在不是偶然的。相应而来的问题是：行政相对人协力义务为什么存在？其存在是否正当？其存在是否不可或缺？这也是本文力图论证的重点和制度构建的基点。

（一）行政相对人协力义务的正当性分析

行政相对人承担协力义务，需要解决的先决问题是科以行政相对人协力义务的正当性问题，也即行政相对人因何被科以协力义务。法学是权利义务之学。古罗马法学家西塞罗在其名著《论义务》中深刻地论述了“义务源于美德”的主题。义务的极端重要性决定了我们对行政相对人科以义务，必须慎重、正当。“借由法律课予私部门执行义务，而将行政任务的执行责任转移至私部门时，课予执行义务本身对私部门而言，本质上即为对基本权的干预，必须有正当性的基础。”[①]

第一，行政相对人协力义务是实现行政目的的必然要求。行政法的目的在于高效实现行政目标和任务。[②]从行政主体的角度来看，作出一定的行政行为就是要求相对人在行动上服从行政主体的意志，相对人不可就此行政行为有争议而不履行相关的义务，如果不服从，则行政主体有权以自身力量迫使相对人实现其意志的内容。如果行政主体所为的行政行为受到相对人怀疑而得不到落实，那将会严重影响行政效率和管理目标的实现。[③]行政法所规定的大量行政管理的事项，其中有相当数量的内容都有赖于行政相对人的支持、配合、协助、容忍。行政相对人与行政主体共同实施法律、协助行政主体完

---

① 李震山：《以法律课予私人完成行政任务之法律思考》，载我国台湾地区《月旦法学》2000 年第 63 期。

② 沈岿：《监控者与管理者可否合一：行政法学体系转型的基础问题》，载《中国法学》2016 年第 1 期。

③ 孙笑侠：《法律对行政的控制——现代行政法的法理解释》，山东人民出版社 1999 年版，第 217 页。

成行政任务是达成行政目的的内在要求。以行政调查为例，行政调查的核心是发现事实。行政相对人提出其所知悉的事实与证据方法，参与事实调查，是实现行政调查目的的重要条件。又如，在此次突发重大公共卫生事件期间，我国采取了最高级别的防控措施，这些防控措施的出发点是实现公共利益，这也是行政相对人应给予协力、予以协助的根本原因。正如《传染病防治法》的起草说明指出的："传染病威胁的对象是整个社会，因而防治传染病也应当是整个社会共同的责任。为此，对防治传染病这项社会性很强的工作，必须立法，以法律形式明确公民、社会有关组织和政府有关部门的责任。"

第二，协力义务是保障行政相对人权益的重要路径。德国行政法学家施密特·阿斯曼教授曾精辟地指出："只有利害相关人共同承担责任并共同参与，在个人自由与社会需求之间，才能有平衡的关系。"[①]

行政相对人是一个自治的主体，也是国家权力的源泉所在。行政相对人的协力义务来源于现代行政活动中人民从"参与到合作"的角色转变。[②]行政相对人协力义务是协力行政的一部分。行政相对人履行协力义务，既是在履行其义务，也是在行使其权利。行政相对人借助履行协力义务，参与行政活动过程之中，拓展了其实现参与权、监督权的路径，无论是被动参与还是主动提供协助，均能实现其权益保护，这也是行政行为的最终目的。以纳税人协力义务为例，设置纳税人协力义务的根本目的在于纳税人获得公共服务和社会福利的基本权。此外，纳税人通过履行协力义务，还可以排除其权利被侵害之可能，实现对国家征税权的限制。

第三，协力义务是规范行政权行使的有效方式。行政相对人履行协力义务，对行政权的行使具有规范、推动和促进作用。一是推动依法行政。行政相对人的行为才是贯彻实施行政法规范最根本的力量。[③]行政相对人对公共行政的参与，既能使公共行政更切合公益的目标，也能保障公共行政正确行使。行政相对人进入行政程序后，其自然成为行政活动的参与者、配合者、告诫

① [德]施密特·阿斯曼:《行政法总论作为秩序理念——行政法体系建构的基础与任务》，林明锵等译，我国台湾地区元照出版有限公司 2009 年版，第 129 页。

② 参见陈爱娥:《行政程序制度中之当事人协力义务》，载《台湾行政法学会学术研讨会论文集(2006)》，我国台湾地区元照出版公司 2006 年版，第 343 页。

③ 方世荣:《论行政相对人》，中国政法大学出版社 2000 年版，第 154 页、第 180 页。

者、监督者，有助于推动公权力主体依法行政、有效行政。二是推动合法行政。“行政行为的合法性取决于对案件事实的合法和深入的调查。”[①]毫无疑问，对案件事实的深入调查，离不开行政相对人提供事实和证据。事实上，行政相对人提供证据、数据、资料的协力义务，正是行政相对人协力义务最为常见的类型，这正符合了行政相对人协力义务的设立目的。

（二）行政相对人协力义务的必要性分析

行政相对人承担协力义务，不仅具有正当性，还具备必要性，主要表现在以下方面：第一，弥补行政主体局限性之需要。行政相对人协力义务之所以广泛存在，其原因是：一方面，行政组织在知识、信息、资源方面的欠缺，使得其在解决新的、具有变动性及复杂的问题时，显示出困境和不足，这也彰显出引入治理理论与合作治理的可能性。[②]现代社会，专业分工越来越精细、社会治理越来越庞杂，行政任务越来越繁杂，现代政府普遍处于时间不多、空间不够、财源不足的三不足窘迫状态。例如，《江苏省药品监督管理条例》规定了在街道、社区、乡（镇）、村可以聘请药品协管员和信息员，协助进行药品质量监督，正是基于克服基层监管部门人手少、乡镇以下没有监管机构等实际困难的考虑。“三不足”的问题在处置重大突发公共卫生事件等紧急情况下，尤为突出。重大突发公共卫生事件中，政府应急处置的难度明显加大，单单依靠政府单打独斗，是难以完成重大突发公共卫生事件的防控、处置的，需要政府充分借助行政相对人的配合、协助，形成政府—民众—社会多元治理结构，方能高效地回应重大突发公共卫生事件带来的严峻挑战。

另一方面，和公权力主体相比，行政相对人可能更熟知或更能掌握正确的资料。行政相对人协力义务的设立目的就是使行政相对人将其持有的证据提供给行政机关，以提高行政效率，节约行政成本，保证公共利益的实现。[③]《德国公私及合作简化法》明确规定，增加“私人部门应该被委托执行任务，只要它能同样或更好地在公共任务履行中或是符合公共目的的经济活动中提

---

① ［德］哈特穆特·毛雷：《行政法学总论》，高家伟译，法律出版社2000年版，第473页。

② 李洪雷：《其他承担行政任务的主体》，载应松年主编：《当代中国行政法》，中国方正出版社2005年版，第376页。

③ 蔡虹、羊震：《民事诉讼证据失权制度初探》，载《法商研究（中南财经政法大学学报）》2000年第6期。

供公共服务”。我国台湾地区第537号法律性文件也解释了协力义务产生的原因：“有关课税原因及事实多发于纳税义务人所得支配之范围，税捐征缴机关掌握困难，为贯彻公平合法课税之目的，因而产生纳税人协力义务。”①

第二，实现善治之需要。良法善治是法治中国的价值目标。“善治”即良好的治理，其基本要素包括合法性、透明性、责任性、法治、回应、有效。②善治的核心是民主化、公众参与合作。行政相对人协力义务也是实现行政相对人参与行政、达致善治的必由之路。正如民营化大师萨瓦斯所言，公私合作关系“是一种手段而不是目的，目的是更好的政府，更好的社会”。③随着现代行政的发展，合作行政的深入，行政相对人从游离于行政行为之外，到广泛参与行政处分、行政立法、行政评价等行政行为中的各个环节，这也是行政民主化的重要体现和必由之路。

第三，实现降低行政成本之需要。从法经济学的视角来看，任何一项法律制度都应该基于成本收益而展开分析，从而实现经济效应最大化。④世界经济论坛报告也表明，直接影响我国竞争力排名的有五大因素，行政效率问题位列第一。⑤行政相对人协力义务正是节约行政成本、提高效率、解决法律经济效用问题的一剂良方。从行政主体角度而言，如果行政相对人执意不予以协助、拒不配合，行政主体支出的行政成本无疑会大大增加。反之，在协力行政中，公权力主体、行政相对人增进合作将显著节省行政成本。正如我国台湾地区学者陈春生所说：“增加行政与相对人合作，可以减少因法规范之不确定观念带来之法不安定性，同时亦可避免潜在之冲突，降低事后法律争执之可能性。”⑥从这个意义上而言，行政相对人协力义务也是合作行政、参与行政的重要内容。

---

① 赵宏：《德国公私合作的制度发展与经验启示》，载《行政法学研究》2017年第6期。

② 俞可平：《治理与善治》，社会科学文献出版社2000年版，第9~11页。

③ [新西兰]迈克尔·塔格特：《行政法的范围》，金自宁译，中国人民大学出版社2006年版，第1页。

④ 高秦伟：《论政府规制中的第三方审核》，载《法商研究》2016年第6期。

⑤ 江必新、李育：《论行政相对人公共服务请求权——兼议公民教育请求权之实现》，载《湖湘论坛》2017年第6期。

⑥ 陈春生：《行政法之学理与体系——行政行为形式论》，我国台湾地区三民出版社1996年版，第33页。

四、行政相对人协力义务的现实检视与制度完善

我国行政相对人协力义务的理论和实践研究至少存在“三个不足”：一是基本概念的研究不足。行政相对人协力义务的概念不明、性质不清、法律定位模糊。二是基础问题的研究不足。行政相对人协力义务的基础问题（诸如协力义务的限度、协力义务的保障、协力义务的类型化、协力义务的范围认定等）都欠缺系统、明晰的探讨。三是相关规定的不足。如前所述，关于行政相对人协力义务的规定，散见于各项法律、法规中。这些规定或多或少地存在过于宽泛、操作性不强、较少对违反协力义务所应当承担的责任加以规定等问题。对公权力主体违法要求行政相对人履行协力义务，或者对行政相对人不履行协力义务的法律后果规定缺失或者不明确的直接后果是协力义务沦为不具有强制约束力的义务，实践效果不佳。有鉴于此，笔者认为，有必要针对行政相对人协力义务理论和实践中存在的突出问题进行研究，并在此基础上，通过审视现有制度的不足，实现其完善发展。在完善进路上，笔者建议从解决行政相对人协力义务如何设置、行政相对人如何履行协力义务、如何保障行政相对人履行协力义务三个关键问题入手。

（一）行政相对人协力义务之设置原则

各种行政规制措施必须遵守一定的界限和基本原则，方能克服规制合法性的质疑。这些界限与原则，在英美法系下主要表现为正当程序和最小侵害原则的限制，在欧陆法上则主要表现为要受到法律保留与比例原则等基本原则的约束。[①] 毋庸置疑，行政相对人承担协力义务，将对行政相对人的人身、财产等构成一定的约束。因此，行政相对人协力义务的设置，需要遵循一定的基本原则。

第一，合法原则。行政相对人协力义务必须依法设置。合法是行政相对人负担协力义务的重要前提和应有之义。合法设置行政相对人的协力义务蕴含了两层含义：一是行政相对人负担协力义务，须有法律之根据。“以行政

① 江必新：《论行政规制基本理论》，载《法学》2012 年第 12 期。

作用侵害人民权利，或使人民负担义务，必须有法规之根据。盖在法治国家，人民对于国家所有之权利义务，概由国法所规定。除国法所认许可外，即以国家之权力，亦不得轻易变更之。”[①] 以行政调查为例，因调查程序的主要目的在于查清违法事实，因此，行政调查中的行政相对人协力义务，也必须以法律明确规定为限。二是行政相对人协力义务的设置，不得违反法律保留原则。例如，“组成行政、立法、司法等国家机关的所谓的国家的自我组织事项”和“以物理强制力为后盾的行政事务”属于较为典型的国家保留事项，原则上应当排除私人力量的介入。[②] 也即典型的国家公权力行使的核心领域，或者涉及社会重大公共利益的，都不能被列入行政相对人协力义务的范畴。

第二，合理原则。行政相对人协力义务必须合理设置。行政相对人承担协力义务，并不是漫无边际的，而是应遵循关联性、必要性、比例性的原则。相对人的协力义务也是有限的，若对相对人的义务要求超出了比例原则所允许的限度，即当对公民协力义务的要求产生的权利损害大于行政调查所追求的社会利益时，该协力义务就丧失了存在的基础，此项义务的设定不应被宪法所认可，相对人就不应再受该义务的约束。[③]

笔者认为，以下协力义务可视为不合理：一是行政相对人根本不可能完成的任务。行政相对人协力义务具有法定性，因此科以行政相对人协力义务，须满足紧迫性、必要性的要求，如果连行政机关自身都无法完成的任务，自然也不适宜作为行政相对人的协力义务。值得注意的是，随着公私协力的迅速发展，行政相对人的协力义务有广泛化的趋势。二是协力义务的履行将显然不利于行政相对人。基于维护公共利益、保障行政相对人基本权益之需，对行政相对人的协力义务应当加以限制。其一，协力义务不能导致行政相对人自证其罪。如果行政相对人因履行协力义务而自证其罪，行政相对人可以拒绝履行。例如，《葡萄牙行政程序法》（1991 年颁布，第 89 条）明确规定了四种被调查人可以拒绝履行协助调查义务的情形。其二，协力义务的履行，

① 范扬：《行政法总论》，中国方正出版社 2005 年版，第 25 页。

② 许宗力：《论行政任务民营化》，载翁岳生教授祝寿论文编辑委员会编：《当代公法新论（中）》，我国台湾地区元照出版有限公司 2002 年版，第 595 页。

③ 陈新民：《中国行政法学原理》，中国政法大学出版社 2002 年版，第 165 页。

不能明显不利于行政相对人。行政相对人履行协力义务的结果如果明显对其不利益，则有违公平正义。协力义务的设定，应坚持对行政相对人基本利益最小损害的原则。以实践中最为常见的纳税人协力义务为例，纳税人承担协力义务，“原则上是对纳税人信息权的一种强制性干预，所以其识别和认定应遵循关联性、必要性和比例性原则。与此同时，如果纳税人未尽协力义务，但若不影响征收机关的职权调查，即无处罚的必要；如若因未尽协力义务致调查困难或花费过巨，则产生证明程度的减轻，而得以推计核定，亦无需特别处以罚款”。①

综上，笔者认为，对行政相对人协力义务的完善，应考虑两个重要因素：一是明确行政相对人协力义务的含义及法律地位。行政相对人在行政法中能否发挥积极作用，在很大程度上取决于他们的行政法地位。目前，美国、我国台湾地区等均在行政程序法中对行政相对人协力义务的含义进行了规定。建议我国在制定行政程序法时，也将行政相对人协力义务作为一项重要内容加以规范，对其基本含义、法律地位、性质加以规定，将行政相对人协力义务纳入法治化轨道。二是明确行政相对人协力义务的基本原则。建议将合法原则、合理原则（或比例原则）、正当程序等作为行政相对人协力义务的基本原则。

（二）行政相对人协力义务之履行

1. 行政相对人履行协力义务的界限

行政相对人协力义务是行政法律关系中的重要内容，是平衡行政主体和行政相对人关系的重要载体、实现行政目的的重要途径、保障行政相对人权益的必然要求，在行政活动中的地位越来越彰显。随着行政法疆域的不断扩大，公与私的界限愈发模糊，行政相对人协力义务出现了扩大化的趋势，所以如何确定行政相对人协力义务的边界十分重要。

以德国为例，近年来德国的行政相对人协力义务从“行政相对人能否提供协力”发展为“行政相对人提供何种程度的协力”。在环境领域方面，德国斯内德教授认为，德国新一代环境法规则赋予了当事人超越其支配领域的、

① 陈清秀：《税法总论》（第七版），我国台湾地区元照出版有限公司 2012 年版，第 188 页。

广泛的协力义务。如《德国环境评估法》，要求与环保有关的企业对相关的事实进行整理和科学评估，从而减轻国家的负担。显然，《德国环境评估法》扩展了企业的协力义务，要求企业承担与事实有关的调查和评估，似乎有违“法不强人所难”的经典法谚。

以我国为例，如引言中提及的，在重大突发公共卫生事件防控期间，多地出台政策对没有接种疫苗的，将影响出行、孩子暂缓上学、停发工资。这些做法是否过于一刀切，是否扩大了相对人的协力义务，是否有违法治原则，引发了学界和社会的广泛讨论。部分学者认为，《基本医疗卫生与健康促进法》第21条规定了居民有接种免疫规划疫苗的权利和义务。《疫苗管理法》第6条也规定了居民有“履行接种免疫规划疫苗的义务”。某些地方采取强制接种措施，并不违法。[①]

笔者认为，第一，行政相对人义务需依法设置。行政相对人是行政法律关系中的重要一方，对行政相对人科以协力义务不能随心所欲，必须遵循一定的界限，依法、合理界定行政相对人和公权力主体之间的权利义务关系。例如，《立法法》第80条就规定了部门规章规定的事项应当属于执行法律或者国务院的行政法规、决定、命令的事项。没有法律或者国务院的行政法规、决定、命令的依据，部门规章不得设定减损公民、法人和其他组织权利或者增加其义务的规范。第二，重大突发公共卫生事件的处置需依法而行。正如习近平总书记所强调的，依法科学有序防控至关重要。疫情防控越是到最吃劲的时候，越要坚持依法防控，在法治轨道上统筹推进各项防控工作，保障疫情防控工作顺利开展。[②]越是紧急状态下，依法而行、循法而治更应成为基本的要求。

2. 行政相对人能否不履行协力义务

行政相对人履行协力义务中一个突出问题就是，行政相对人能否不履行协力义务，也即行政相对人对协力义务是否能够拒绝履行？

---

① 参见陈云良：《论公民的疫苗接种义务——兼论〈基本医疗卫生与健康促进法〉第21条的理解与适用》，载《华东政法大学学报》2012年第4期。

② 参见习近平：《全面提高依法防控依法治理能力 健全国家公共卫生应急管理体系》，载《求是》2020年第5期。

从域外规定来看，部分国家和地区规定了行政相对人拒绝履行协力义务的权力。例如《葡萄牙行政程序法》(1991年颁布)第89条之规定。《美国联邦行政程序法》也明确规定当事人协力义务的来源必须是法律。如果政府在没有法律依据的情况下，要求当事人提供协助，当事人可以拒绝行政机关的要求。和美国、葡萄牙等国通过法律规定相对人可以抵抗政府的权力，相对人在具有充分理由的情形下可以拒绝履行协力义务不同的是，日本和我国台湾地区在证据准入门槛上下功夫。[①]

所谓抵抗权，通常是指人民所拥有的、在必要时对其国家法律所产生之义务采取不服从以及抵抗行为的权利。[②] 在讨论行政相对人对协力义务的拒绝权或者抵抗权时，笔者认为：第一，应明确行政相对人有履行或者不履行协力义务之选择权。诚如盐野宏教授所述："从法治原理来看，一旦以行政行为的形式确定了相对人的义务，关于是否履行，就应该赋予相对人以判断的机会。"[③] 行政相对人协力义务兼具权利和义务属性，既是权利，亦是义务。因此，应当赋予行政相对人对协力义务的选择权。第二，应明确行政相对人拒绝履行协力义务之情形。结合前述协力义务的基本构成，笔者认为，在下列情形中，行政相对人可以行使对协力义务的拒绝权：一是协力义务欠缺实质合法性。行政相对人的协力义务应当由法律法规明确予以规定，也即协力义务需要明确的法律法规之依据。通知、规定等显然无权规定行政相对人的协力义务。二是协力义务明显不合理。行政相对人履行协力义务，应当具有可期待性。如果协力义务的履行，将导致强迫行政相对人自证其罪，或者产生显著不利的后果，行政相对人可以拒绝履行。三是行政相对人有充足的理由不履行协力义务。对特定人的协力义务可以进行豁免。例如，有亲属婚姻特权、法律职业上的特权，其他有私生活上密切交往者可以对其协力义务予以豁免。[④]

行政相对人能否拒绝履行协力义务具有重要的理论和实践意义。例如，

① 李震山：《行政法学导论》，我国台湾地区三民书局股份有限公司1997年版，第349页。
② 王锡锌：《行政行为无效理论与相对人抵抗权问题探讨》，载《法学》2001年第10期。
③ [日]盐野宏：《行政法》，杨建顺译，法律出版社1999年版，第169页。
④ 宋雅芳：《论行政调查中相对人协助义务的限度》，载《河南社会科学》2006年第5期。

在重大突发公共卫生事件中，因防控需要，行政相对人经常需要提供、主动出示行程信息、健康信息等。私人主体是否有信息公开义务？行政相对人可否拒绝提供（出示）？这些都是值得深入研究的问题。

（三）行政相对人履行协力义务之保障

行政相对人履行协力义务之保障主要涵盖明确行政相对人违反协力义务的法律责任和促进行政相对人履行协力义务两个方面。

1. 行政相对人违反协力义务之法律责任

行政相对人协力义务的设置需遵循合法、合理等基本原则。行政相对人协力义务必须依法设置，决定了行政相对人协力义务具有法定性、强制性。所以，违反协力义务应承担相应责任。目前，行政相对人违反协力义务的法律责任主要有：

第一，不利推定。行政相对人在行政程序中的协力义务和其在行政诉讼中的权利义务密切相关。行政相对人在行政程序中没有履行提供证据给行政机关的协力义务，而在诉讼程序中提供的证据，依据《最高人民法院关于适用〈中华人民共和国行政诉讼法〉的解释》第45条之规定，对该类证据，法院一般不予采纳。“不予采纳”就是对行政相对人违反协力义务的否定性评价。

第二，行政处罚。一般而言，法律责任分为民事法律责任、行政法律责任和刑事法律责任。行政法律责任是目前我国行政相对人违反协力义务须承担的主要法律责任。其中，行政主体对行政相对人违反协力义务的行为进行行政处罚又是最为常见的处罚方式之一。对于违反协力义务的自然人，其承担的行政处罚一般是警告、责令改正等训诫处罚，或者罚款处罚。有较多的法律法规规定了对违反协力义务的相对人予以罚款之处罚。对违反协力义务的企业事业单位或者个体工商户，其承担的行政处罚方式一般以罚款为主，违反协力义务较为严重的则处以责令停产停业、吊销许可证等。

第三，强制措施等。协力义务可能对行政相对人的人身、财产等构成限制。例如，在执行主体采取强制措施的过程中，行政相对人具有承受强制措施的义务。行政相对人违反协力义务，可能被采取相应的强制措施。如行政相对人违反隔离治疗协力义务的，可能会被强制隔离治疗。

笔者认为，应进一步完善我国行政相对人违反协力义务法律责任体系的构建。一是明确规定行政相对人违反协力义务须承担的法律责任。如前所述，我国现行法律法规较少规定行政相对人违反协力义务的法律责任。可以说，无规定是常态，有规定是例外。因此，有必要明确相应的法律责任，避免行政相对人的协力义务沦为“道德义务”。二是建立行政法律责任、民事法律责任、刑事法律责任相结合的法律责任体系。我国现有的行政相对人违反协力义务须承担的法律责任主要以行政处罚为主，不利于有效督促行政相对人履行协力义务。例如:《疫苗管理法》第92条规定，对“监护人未依法保证适龄儿童按时接种免疫规划疫苗的”，由县级人民政府卫生健康主管部门批评教育，责令改正。在重大突发卫生公共事件的防控中，对违反协力义务的行政相对人仅处以批评教育、责令改正，处罚力度显然不足。这方面也可以参照国外的做法，例如《德国税收通则》对纳税人违反协力义务的行为，规定可以作出民事、行政、刑事等处罚。在规定行政相对人违反协力义务的法律责任之时，可以结合行政相对人违反协力义务的主观状态，有无重大过失，是否造成严重后果等多重因素，按照轻重标准，予以合理设置，综合运用多种处罚形式，从而有效引导、督促行政相对人履行协力义务。

2. 行政相对人履行协力义务之促进

正如有学者所言，“公民参与行政对传统市民社会逻辑是一种深刻超越，它要求公民积极承担公共事务，而不能仅仅成为一个追求自我利益最大化的原子式个人，通过参与公共生活的服务之中真正形成‘命运共同体’的国家认同，成为‘共同善’的诠释者和缔造者”。① 行政主体和行政相对人之间的关系是行政法的核心内容，二者的关系演变推动了行政法的不断发展。对行政主体来说，其面临的现实问题是：如何调动行政相对人的积极性，“以最温和的方式调动行政相对人的行为，让相对人以其行为来实现行政主体所希望的某种法律关系状态”，② 这将是决定行政行为实施效果优劣的重要评判标准。我国《突发事件应对法》第34条、《传染病防治法》第9条，都分别规定了国家支持和鼓励行政相对人协助政府应对突发事件、参与传染病防治。其不

① 王旭:《公民参与行政的风险及法律规制》，载《中国社会科学》2016年第6期。

② 方世荣:《论具体行政行为》，武汉大学出版社1996年版，第47页。

足在于上述规定仅仅作了原则性的规定，对行政相对人提供协助后，如何给予支持和鼓励等问题欠缺细致、明确的规定。

笔者认为，用利益导向而不是增设义务来引导行政相对人自觉履行协力义务，是激发、促进行政相对人履行协力义务的有效路径。对于相对处于弱势地位的行政相对人来说，行政主体对其施加义务，意味着增加了行政相对人的负担，限制了其某些权利。通过疏导，用利益的手段引导行政相对人主动参与，让其在履行义务过程中有利可图，适度获利，从而使得行政相对人由被动地履行协力义务向自觉地履行协力义务转变。例如，为了激发行政相对人主动打疫苗的积极性，全国各地政府各显神通，有地方政府送疫苗上门的，有地方政府对主动打疫苗的民众提供各种惠民服务的……这些都是引导行政相对人履行协力义务的方式。在这方面，国外也有一些可资借鉴的做法。例如，在纳税人协力义务上，日本建立了蓝色申报激励机制，将纳税人协力义务放置在纳税人申报纳税的环节中。而纳税人为了获得蓝色申报的激励，需要依据法律之规定，保管、提交涉税信息，从而促进了行政相对人积极履行纳税人协力义务，等等。国外的这些做法，也为我们完善行政相对人协力义务制度，激发行政相对人主动参与行政活动、积极履行协力义务，提供了不同的视角和经验。

◉ 第七章 ◉

审判制度现代化

完善审判制度是党的十九届四中全会提出的一项新的任务。深化法院改革是推动审判制度现代化的重要途径。人民法院的司法体制改革是中国特色社会主义法治建设的重中之重，是贯彻落实党的十八大、十九大、二十大以来习近平总书记全面依法治国理念的重大举措。按照国家最高决策层的顶层设计，这一轮法院的司法体制改革沿着“试点→铺开→深入”路线图全面推进，已在诸多领域佳绩频传，初步形成中国特色社会主义审判权力运行体系，并以《人民法院组织法》的形式确认和巩固了法院的司法体制改革成果。①

然而，对比司法所承载的为“两个一百年”奋斗目标以及中华民族伟大复兴的中国梦提供司法服务和保障，法院改革依然在努力奔跑的道路上：法院系统内部，面临着司法体制变革、局部利益调整、司法理念转变、法院科层结构变动的巨大压力；外部环境层面，法院改革必须回应新时代人民日益增长的司法需求，还必须应对复杂的域外干扰因素，以及国内经济、社会、法治体制重大转型必然涌动的各类社会矛盾、风险，尤其进入新时代全面深

① 参见《最高人民法院关于深化人民法院司法体制综合配套改革的意见——人民法院第五个五年改革纲要（2019—2023）》（法发〔2019〕8 号）。

化改革的攻坚期，法院改革所牵涉的一些遗留问题也逐渐衍生负面影响而亟待着力研究解决。可见，法院改革之路并非风平浪静，同样面临严峻挑战。

为此，最高人民法院根据党的十九大报告提出的“坚持全面依法治国……深化司法体制改革……”的战略构想以及党的十九届二中、三中全会精神，出台《关于深化人民法院司法体制综合配套改革的意见》等一系列政策文件、改革措施，坚定不移地全面推进法院改革。党的十九届四中全会再次提出，要“深化司法体制综合配套改革，完善审判制度”，在新时代背景下，继续全面推进司法体制综合配套改革，仍然是实现审判制度现代化的不二法门。要实现这一目标，首先要有充足的司法理论储备，对法院改革关涉的政治站位和价值定位、司法责任制及其综合配套改革、改革触动的复杂关系等核心问题，应当进行重新审视并认真研析，这也是进一步深化、落实新时代法院改革的基础工作。

一、完善审判制度的必然性

回顾司法事业演进历程，法院改革始终不忘“初心”——在党的领导下贯彻以人民为中心的发展思想，践行公正司法、司法为民宗旨，扎实推进司法体制改革，与此同时，法院在努力把“初心”转化为忠诚履职行为的过程中，体察到在以下四个方面还存在极大的提升空间，因此，必须坚定不移地完善审判制度、深化法院改革。

（一）协调法律的稳定性与社会发展之间的冲突

法律从制定颁行到修改、解释、废止之前，基本处于没有发生位移的相对稳定、静止状态，而社会事务则随机发生并一直处于运动变化的状态。刚性的法律条款与驿动的社会事实属于不同步运行的两种事物，稳定、刚性的法律条款往往跟不上多变的社会事物的发展速度。而司法审判制度是由法律明文规定的，处于相对稳定的状态，这就使得司法审判制度极有可能落后于社会发展。

一般情况下，社会纠纷产生后，法治国家会采用多种方式来应对，但往往把它交给法院来定分止争，由法院依法审理、作出裁判。但如果缺少法律明文规定或者对法律的解读出现分歧，法院或法官就必须寻求司法解释的帮助，或者依据法律原理和阅历常识，作出令人信服的司法裁决。就这样，人民法院通过代表司法权威、司法公正的判决，有效地维护了国家治理秩序，纾解了法律的稳定性、刚性与社会发展之间的冲突。

然而，在飞速更新的新时代，原有的偏重依靠文义解释和司法解释来化解冲突的机制，短板频现，亟待补强。因此，这就必须全面深化法院改革，深刻理解和把握新时代司法的内涵和要求，着力建构诉与非诉协同服务体系，打造多元纠纷解决机制，加快配套司法救助以及涉诉信访制度，以便民、亲民、惠民的原则推进司法体制综合配套改革，从而更好地化解法律的稳定性、刚性与社会发展之间的冲突。

（二）满足人民群众对司法的多元化需求

党的十九大报告概括了新时代人民群众日益增长的在“民主、法治、公平、正义、安全、环境”等方面的要求，其中隐含了人民群众不断增长的司法需求。经过梳理，我们发现，当前正在推行司法改革的国家，它们对司法的需求同样呈现多元化面向。回应、满足人民日益增长的司法需求也是世界各国司法改革的重大课题。

1. 美国、日本为代表的发达国家

美国《联邦司法改革纲要（2015 年修订）》是其司法系统的司法改革纲领性文件，它明确美国联邦法院司法改革的任务是：在充分满足美联邦和地方需求的同时，加强维护并突出其核心价值观，还侧重强调了司法改革框架内七个方面的要求——践行公正，优化司法资源配置，培养未来的司法人力资源，挖掘科技潜能，强化诉讼参与，协调法院与其他政府部门的关系，以及增进公众对联邦法院的理解、信任和信心，等等。[①] 进入 21 世纪，日本成立了“司法制度改革审议会”，启动司法制度改革，2010 年之前日本司法改革侧重三方面：司法制度满足人民的期望，提升司法队伍的质量和数量，建立国民参与诉讼的制度；[②]2010 年之后日本司法制度改革侧重点围绕以下几方面

---

① 何帆、林娜等译：《美国联邦司法改革纲要（上）》，载《人民法院报》2016 年 9 月 23 日第 8 版。

② 包献荣：《日本司法改革概况及晚近发展（上）》，载《法制日报》2016 年 6 月 29 日第 11 版。

展开：法官陪同配偶休假，延长司法研修生的助学贷款还款期，优化选拔司法人员的准入性司法考试，完善陪审员制度，等等。[①]

2. 英、德为代表的中等发达国家

英国的司法改革从20世纪90年代一直延续至今，主要在民事和刑事司法领域推进。2006年英国出台的《司法工作发展战略》明确了三个刑事领域的改革目标：一是减少犯罪和反社会行为；二是保护弱势群体；三是构建更快捷、更有效、更经济的纠纷解决机制。此外，英国民事司法改革倾向于对整个民事司法制度进行综合性改革，不再局限于某一个领域；不仅针对法律条文进行改造，还尝试改造英国的原有诉讼文化与诉讼理念。具体诉求包括：致力于简化诉讼程序和降低诉讼成本，双向降低律师和当事人开支，建立强大公正的反诱因诉讼机制，刺激提起诉讼，等等。[②]到2015年年底，英国在民事司法改革方面还公布了关于民事法院结构的研究报告，提议设立“线上法院”，尝试在线审理标的额在5万英镑以下的民事案件。[③]

德国的法院专业化程度很高且体系复杂，除了普通法院（包括民事法院和刑事法院）之外，还设立行政法院、社会法院、财政法院以及劳动法院。德国法院制度改革的总体目标包括：更灵活地调配司法人力资源，注重平衡各类案件压力，有意识地打破现有各专门法院之间的隔阂状态，促进法官相互交流、学习，以提升司法审判质量；以合成效应为导向管理和利用司法人力、物力资源；在不违背司法权属性的前提下，设法统一程序法；尝试简化法院结构，使司法实践过程更便民、更透明；注重在欧洲一体化进程中适应、对接各国司法机构；等等。[④]不过，德国在推行司法改革的过程中一直有意见分歧，这场从20世纪90年代掀起的司法改革浪潮，进展缓慢且至今尚未取得令人满意的结果。

---

① 包献荣：《日本司法改革概况及晚近发展（下）》，载《法制日报》2016年7月6日第11版。

② 参见［美］阿兰·S. 朱克曼：《英国民事诉讼的改革》，载梁慧星主编：《民商法论丛》第6卷，法律出版社1997年版，第475~503页。

③ 龙飞等：《国外司法改革的新发展（上）》，载《法制日报》2016年7月20日第11版。

④ 宋冰编：《读本：美国与德国的司法制度及司法程序》，中国政法大学出版社1999年版，第122~135页。

3. 亚洲、非洲的发展中国家

亚非发展中国家数量最多，我们只能选择几个典型代表。比如，巴基斯坦通过《国家司法发展战略》确定其司法改革的远期目标，即建设法治国家、树立司法权威、宪法法律至上、提高法官待遇、加强审判独立；当前的司法改革重点设定为解决司法效率低下、法院积案过多、司法腐败以及司法保障不力等问题。[①] 又比如，越南的司法改革根据《越南2005年至2020年司法改革战略》的部署，从2005年开始由司法改革指导委员会指导推行，已在若干司法体制领域取得重大进展。越南的司法改革诉求可以归纳为五个方面：一是改革司法程序，完善刑事、民事政策与立法；二是建立和完善法院的组织结构；三是改革执行、司法鉴定工作，逐步实现司法辅助活动社会化；四是改革法官选任制度，建设文明、健康、权威的司法队伍；五是改革司法经费制度，建立中央统筹预算分配机制。[②] 再比如，土耳其是积极推进司法改革的伊斯兰国家，它根据《土耳其司法改革行动纲要》对司法改革工作作了四个方面的部署：[③] 一是改革司法机构，增强司法独立性；二是提升法官素质，促进司法公正性；三是补足司法资源，实现司法高效性；四是开发解决纠纷机制，大力发展司法ADR[④]。最后，非洲卢旺达的司法改革从2009年启动，其《司法发展战略》明确了司法改革的四大总体目标，即"司法便民""司法效率与公正""司法独立"以及"司法交流合作"，并从以下三方面落实其司法改革诉求：一是完善司法救济渠道；二是确保司法效率与公正；三是强化司法机关的独立性。[⑤]

综合以上，世界各国都非常关注司法体制改革，也结合其本土国民对司法的需求以及国情来构建司法改革纲领。

（三）弥补司法供给不足

党的十八大、十九大以来，人民法院的司法体制改革围绕司法责任制的

---

① 龙飞等：《国外司法改革的新发展（下）》，载《法制日报》2016年8月10日第10版。

② 龙飞等：《国外司法改革的新发展（上）》，载《法制日报》2016年7月20日第11版。

③ 龙飞等：《国外司法改革的新发展（上）》，载《法制日报》2016年7月20日第11版。

④ Alternative Dispute Resolution，简称ADR，中文译为"替代性解决争议的方法"或"非诉讼纠纷解决方式"。

⑤ 龙飞等：《国外司法改革的新发展（上）》，载《法制日报》2016年7月20日第11版。

主题有针对性、有步骤地推进，也取得了显著成果。比如，2018 年最高人民法院受理案件 34794 件，审结 31883 件，审结率同比分别上升 22.1% 和 23.5%；地方各级人民法院受理案件 2800 万件，审结、执结 2516.8 万件，结案标的额 5.5 万亿元，同比分别上升 8.8%、10.6% 和 7.6%。这些数据反映了法院改革能极大地提高审判效能，为落实“五位一体”总体布局和“四个全面”战略布局提供强大制度支撑。①

然而，法院的司法供给依然不足，具体表现及原因如下：（1）法院改革与具体项目的进度很难同步，法院改革在系统内横向、纵向统筹的难度较大，司法改革配套措施与重点项目的衔接不顺畅，也在一定程度上影响了法院提高司法质效；（2）人民法院办案数量连年持续快速增长，新类型案件大量增加，往年的积案还在走司法程序，新的案件又不时发生，法官办案压力较大，一些经济发达地区一线法官每年人均办案高达 300 多件，人案矛盾、人才流失问题突出；（3）一些法官的司法职业能力尚未适应形势要求，在准确认定事实、正确适用法律、妥善化解矛盾等方面的职业水平有待提高；（4）民族地区法院的双语法官相对短缺，办案条件亟待进一步改善；等等。②

此外，一些发达国家也存在司法供给不足的问题。比如英国，标的价值在 1 万英镑至 25000 英镑之间的索赔案“快速通道”需要耗时 11 个月；③ 又比如，美国联邦法院 2005—2016 年年终报告中提到，2004 年至 2016 年间，当事人向美国联邦最高法院起诉的案件数量保持在 6475 件至 8857 件之间，其中，法院签署的正式判决数量在 62 件至 75 件之间，起诉案件与正式判决案件的比例大致保持在 100：1，而这个比例在上述年度报告中一直保持稳定状态。④ 尽管两国审理周期长、审结率较低牵涉的原因是多方面的，如正当司法程序运行的需要，以及审判制度的复杂性和诉讼成本不可估计等因素，但数

① 周强：《最高人民法院工作报告》（2019 年 3 月 12 日），载 https：//www.chinacourt.org/index.php/article/detail/2019/03/id/3792001.shtml。

② 周强：《最高人民法院工作报告》（2019 年 3 月 12 日），载 https：//www.chinacourt.org/index.php/article/detail/2019/03/id/3792001.shtml。

③ ［英］伊丽莎白·特鲁斯、托马斯勋爵等：《改革英国的司法制度》，徐凤译，载《中国应用法学》2017 年第 1 期。

④ 参见黄斌：《依循宪法和回应社会需求的美国联邦最高法院——从 2005—2016 年美国联邦法院年终报告切入》，载《法律适用》2017 年第 7 期。

据还是客观表明了两国的司法供给能力有待提高。

因此，我们必须进一步提高法院司法供给能力，不断强化法院司法体制改革的系统性、协调性和整体性，通过司法技术创新和司法制度创新，全力助推法院的司法体制改革，全面提升司法能力、司法效能和司法公信，弥补司法供给与人民对多元的司法需求之间的落差。

（四）应对 20 世纪以来的民粹主义潮流

民粹主义（populism）又称“平民主义”“大众主义”，是一种极端强调平民所拥戴的政治或经济理念，它往往以“代表人民”的姿态反对精英、贵族掌控政治的思想。这种民粹主义者的诉求一旦得不到满足，心理就会发生急剧逆转，并逆变成蔑视政府权威、拒绝社会变革甚至仇视成功者的社会思潮。民粹主义发源于 19 世纪中叶的俄国，后来传播到北美、拉丁美洲和东欧，近年来民粹主义逐渐泛滥并显示了它的负面影响力。比如，2017 年民粹主义支持的政党进入了议会或政府，在德国、法国和英国等欧洲国家的大选中表现不俗，更有甚者，民粹主义与地方分离主义结合后，发酵形成“分离民粹主义”，加剧了欧洲政治裂痕，进而影响到今日欧洲的政治局势。①

此外，民粹主义思潮的泛滥对司法公正同样会产生负面影响：一般情况下，平民对法院审理的案件享有社会监督权，通过正当、合法的渠道关注、监督司法案件的处理，有助于监督司法、预防腐败、实现司法公正；然而，一旦民粹主义思潮异化、泛滥，民众在社会监督司法案件的过程中，就很有可能产生偏激的、情绪化的看法或质疑，甚至在一些极端民粹主义者的误导下，转而制造群体舆论压力，干扰、影响法院的司法审判，侵蚀司法公正。

因此，要应对民粹主义思潮就必须大力推进法院的司法体制改革，从强化司法队伍心理抗压能力和保持法官公正裁判的定力入手，维护司法公正，消除民粹主义思潮的负面影响、排除民粹主义的干扰。法院改革的应对措施主要包括：推进审判公开机制改革，保障公众知情权，抑制民粹主义无中生有；完善案例指导制度，提升审判公正性和司法公信力；提高司法工作人员职业水平和心理抗压能力；构建和完善尊重司法规律的社会舆论监督制度等。

---

① 参见李靖堃：《民粹主义对世界政治秩序的新挑战》，载《人民论坛》2018 年第 5 期。

二、完善审判制度的目标与内容

法院的司法体制改革是一项庞杂浩大的工程，它涉及政治学、法学、管理学、社会学等学科理论体系。根据党中央的顶层战略部署，法院改革沿着“总体要求→总体目标→基本内容”的脉络有序推进。然而，法院改革并非一蹴而就，还可能经历螺旋式、波浪式的实践考验，因此，很有必要先阐释目标体系中最重要的内容，为完善审判制度奠定基础。

（一）提高司法审判的公信力

司法公信力是社会公众普遍尊重、信任、服从司法权的一种舆论力量，[①]也是公众对法院及法官审理案件的公正状况表示认可而形成的一种社会共识，是评价一个国家法治状况的重要指标。因此，提高司法公信力就成为全社会对法院改革的普遍需求，这一需求包含着丰富的内容：

1. 审判权行使的独立性和中立性

司法公信力的确立需要多种元素，但最重要的前提是客观、公正的法院判决。人民法院之所以能定分止争就是因为法院依法享有独立的审判权，它通过司法判决解决当事人之间的法律纠纷从而成为保护当事人权利的最后一道屏障。因此，当前法院改革就应当重点全面准确落实司法责任制，把落实法院作为一个整体享有的独立审判权，与“让审理者裁判、由裁判者负责”的主审法官、合议庭办案责任制有机统一，以案件阅核制为抓手，健全完善司法权力运行监督管理机制。

2. 司法程序的正当性

正当司法程序的价值在于，通过法律预先设定的一系列关于立案、调查、审判及执行的缜密步骤，限制司法机关的恣意行为，从而有效保障司法判决的公正性。即使正当司法程序也无法确保司法审判的绝对公正，但它能最大限度地减少法院判决有失公允，这在程序上也表现了司法机关对那些受法院判决结果影响的当事人的法律权利的应有尊重。可以设想，如果能确保法院

① 郑成良、夏纪森：《论法治中国与司法公信力》，载《法律与伦理》2019 年第 1 期。

司法程序的正当性，那么，每一个法院审理活动涉及的权利主体都愿意积极参与到司法审判全程中去，因为他们相信法院的判决一定可以排除不公正的因素，法院一定可以作出客观公正的判断。基于正当司法程序价值的考量，法院改革应当注重司法程序的正当性建构，比如，建立严禁法官和当事人单方接触的制度，又比如，设计从保障当事人权利的角度来制约法官滥用权力的机制，这一系列的正当司法程序设计对于提高司法公信力至关重要。

3. 司法过程的廉洁性

“公生明，廉生威”，司法公正与司法廉洁唇齿相依，廉洁的法官必然能抵御外部因素的诱惑，保持公正、中立地依法作出公正裁判。笔者认为，司法廉洁既是社会主义核心价值观的核心部分，也是提升司法公信力的根本要素。因此，法院改革必然把司法廉洁作为一个努力的方向，具体包括：管理体制方面，着力构建一系列司法廉洁制度。比如，利用信息化手段监控、管理案件（包括立案登记、案件公开、案件查询等）全过程；落实法院审判对侦查、起诉、事实认定、法律适用等环节的终局法律效力。法官廉洁自律方面，一是加强法官的公正廉洁信念教育，二是落实法官职业道德准则，三是制定法官惩戒办法，四是完善法官人事薪酬管理机制，等等。

（二）提高司法审判的效益

司法审判效益与司法公正、效率紧密关联但又相对独立，是法院改革目标体系中重要的一项内容。司法审判效益意味着法院的审判活动对促进社会公正、效率所产生的功能和益处，还包括审判可以提高法律的实现程度，以及审判与经济、政治、文化、生态发展高度融合和互相促进，从而满足人民日益增长的司法需求。[①]

众所周知，法院改革的宗旨始终是坚持“司法为民”，而司法为民的标志就是提高司法审判效益。人民法院在遵守正当司法程序依法断案的同时，也充分考虑实现司法正义，即在制度上给予社会弱势群体、当事人司法扶助，比如，设计了适当照顾弱者的减、免、缓交诉讼费用的制度，体现了法院在确保司法公正的同时，还重视司法审判效益的精神。

---

① 江必新：《应重视司法审判的效益价值》，载《学习时报》2016年10月24日第1版。

此外，提高司法审判效益不仅可以有效保障法律的确定性、安定性，还可以凭借法院判决，即对特定主体产生法律约束力的非规范性文件形式，调整涉案当事人的复杂关系，规范、恢复、补偿失衡的权利状态，在确保司法公平和效率的前提下，同时实现司法审判效益最大化。这不仅适应我国法院改革的现实诉求，也契合世界各国司法改革的发展潮流。

（三）提高司法审判的亲民性、便民性

法院改革的目标导向在于满足人民日益增长的司法需求，通俗一点讲就是努力实现司法更加亲民、诉讼更加便民。提高司法亲民性、便民性是“司法为民”宗旨的必然要求，也是法院的司法改革实现“努力让人民群众在每一个司法案件中感受到公平正义”的必由之路。

根据《最高人民法院关于深化人民法院司法体制综合配套改革的意见——人民法院第五个五年改革纲要（2019—2023）》（以下简称《人民法院“五五”纲要》）的精神，这一轮法院改革所强调的亲民司法、便民司法，应当包含以下三方面相关机制、平台、制度的重要内容：

第一，落实亲民司法、便民司法的相关机制。具体包括：当场立案、网上立案、自助立案、跨域立案服务相结合的便民立案机制；线上“一网通办”、线下“一站式服务”的集约化诉讼服务机制；案件繁简分流机制；司法公开工作机制；“诉访分离”和案件终结机制；涉诉信访终结移交机制；先行调解、委派调解工作机制；“分流、调解、速裁、快审”机制；法院内部责任监督、第三方监督机制；一站式多元化纠纷解决机制；等等。

第二，建构亲民司法、便民司法的相关平台。具体包括：裁判文书、审判流程、执行信息和庭审公开四大司法公开平台；统一的在线矛盾纠纷多元化解平台；标准化、规范化的司法诉讼服务平台；等等。

第三，促进亲民司法、便民司法的相关制度。具体包括：审限监督、案件审限通报制度；保障当事人合法诉讼权利制度；案件庭审旁听制度；交纳诉讼费用的便民措施；司法执行的快速执行、主动执行等制度。

（四）提高司法智能化、信息化水平

司法智能化、信息化是《人民法院“五五”纲要》部署的一项司法体制综合配套改革的战略目标。因此，最高人民法院把贯彻全面依法治国方略、网络强国战略和全面深化法院司法改革结合在一起，把人工智能、云计算、大数据等技术导入司法改革领域，以司法智能化、信息化体系建设助推法院落实司法责任制改革。

司法智能化、信息化建设作为一套融合信息技术和司法实务的复杂体系，在提高审判效率、推进审判改革、促进司法公开、落实司法责任制等领域，包含丰富内容：首先，司法智能化、信息化极大提升审判效率。信息技术引入法院司法改革，可以实实在在地优化、提升法院工作质效。其次，司法智能化、信息化推进以审判为中心的诉讼制度改革。再次，司法智能化、信息化促进司法公开。最后，司法智能化、信息化通过智能监管，促进落实司法责任制。

三、完善审判制度亟待攻关处理的重大关系

党的十八大、十九大以来稳步推进的法院司法改革，按照党中央“四个全面”战略部署，已经取得了显著成果。然而，在进一步全面深化法院改革、完善审判制度的路上，除了鲜花还有荆棘，还有一些关涉改革成败的重大关系亟待攻关处理。

（一）问题导向与系统思维的关系

坚持问题导向是马克思主义最具代表性的方法论，也是法院改革应当坚持发扬的优良传统。它指引我们在全面深化法院改革的过程中，始终保持问题意识，并且要正视法院改革的现存问题，不回避问题的主要矛盾，进而深入探究法院改革的规律并解决问题。[①] 而系统思维则是一种在作出重大决策时，综合运用系统理论、方法来分析、研究、谋划布局的科学的、复杂的思维方式。比如，国家治理体系的构建就是一项庞大复杂的系统工程，这需要引入系统思维的基础模型，运用系统思维来研究国家治理模式，以探求解决问题的最佳路径。由此可见，坚持问题导向与系统思维是一种水到渠成的共生关系。坚持问题导向可以帮助我们发现问题，并找到问题的主要矛盾；系统思

① 陈彬：《坚持问题导向 善于认识和化解矛盾——深入学习习近平新时代中国特色社会主义思想中的思想方法和工作方法之四》，载《中国纪检监察报》2018 年 8 月 16 日第 8 版。

维则有助于找准工作重点，聚焦力量宏观布局，微观解决问题，两者相辅相成，都是国家治理和全面深化改革所倚重的工作思路和方法论。

法院的司法改革要继续全面推进，就像一场自我革命，不可避免地必须打破既有利益框架，触碰深层次的体制问题。比如，法院改革特别关注的多元化纠纷解决机制，以及现代化诉讼服务体系的建设问题，这都关系到诉讼制度的深刻调整。此外，法院改革还有许多不同层次的问题浮出水面，这就需要我们坚持问题导向，对扑朔迷离的法院改革问题善加甄别，去芜存菁地揪住法院改革的主要矛盾（司法责任制）进行系统研究解决。

在坚持问题导向的同时，法院改革更需要引入系统思维，运用系统思维方法论确定法院改革的工作重点和突破点，运用系统思维统筹法院改革这项复杂工程的整体布局，对重大法院改革基础项目的关联性、系统性、可行性进行研究，[①]然后，协同法院系统改革全局，分层次、有节奏地推进改革工作。

总之，如何妥帖地对待、处理“问题导向和系统思维”的关系，既是一个全面深化法院改革必须深刻理解和掌握的工作思维和方法论问题，也是一个活学活用习近平新时代中国特色社会主义思想的法院改革实践问题，值得认真摸索两者完美结合的规律，但还没有达到知行合一的状态，需要更投入地认真学习、体察、实践、总结。

（二）法院改革局部与整体的关系

法院的司法体制改革要取得更大的成效，必须研究、处理好法院改革局部和整体的关系，在摸清规律并灵活运用之后，才能有效推进法院改革并释放出改革的巨大能量。

法院改革的局部与整体之间是互相联系、互相影响的关系，并在一定条件下可以互相转化。法院改革的整体既考虑法院与外部国家机关的关系，又关注法院内部的诉讼制度、诉讼程序、审判与执行机构，以及法官、法院行政辅助人员等要素。法院改革的整体更侧重于新时代法院改革的整体与外部环境的协同优化关系，而法院改革的局部更加注重法院系统内部的诉讼制度、管理机制、审判执行机构的完善，以及法官、行政辅助人员的利益调整。总

① 杨永加：《习近平强调的思维方法》，载《学习时报》2014年9月1日第3版。

之，法院改革的局部与整体的关系是牵一发而动全身的复杂系统，每一项法院改革措施都必须权衡、关照到法院外部和内部要素之间的整体性和协同性，才能使改革卓有成效。[①]

对照党的十九大报告全面依法治国方略和《人民法院“五五”纲要》的总体要求，这一轮的法院改革在全面落实司法责任制相关的审判监督、法官惩戒机制方面，在诉与非诉纠纷解决机制和现代化诉讼服务体系建设方面，在法院队伍管理机制方面还有较大的提升空间。因此，我们应当妥善处理好法院改革局部与整体的关系，在设计改革方案的时候，应当导入整体性和协同性思维，立体地、多向度地整合法院系统内部和外部的司法资源，既要宏观地整体规划法院司法体制改革，又要微观地调整法院内部机构、组织、人员的利益格局。也就是说，法院的司法体制改革只有立体地、多元地、全面地关照局部和整体的有序推进，才能把全面依法治国方略和《人民法院“五五”纲要》的构想落到实处。

（三）独立审判和接受监督的关系

“法院依法独立行使审判权”一直都是司法工作的基本原则，也是依法治国方略的重要组成部分，因为法院独立审判具有重要的现实价值——法院通过独立审判案件，依法依程序对当事人的法律权利义务进行审理，在经过诉讼当事人的辩论和质证之后，法院根据所认定的事实和应当适用的法律作出判决。此外，法院的判决还要经受人大监督、监察和检察监督、政协民主监督、司法监督、社会监督等方式的检验，这在实体和程序上维护了司法公正，彰显了社会正义。

监督对法院独立审判既有积极作用也有消极影响：积极方面，法院独立审判在各种形式的监督压力之下，更加注意司法程序的正当性、合法性，也更加审慎地适用法律，最大限度地杜绝司法恣意和司法腐败，同时，各种监督主体监督法院的审理过程，也是落实公众知情权和传播、普及法律知识的过程；消极方面，各种监督主体对司法审判进行多渠道的监督，有可能出现不恰当的干预，甚至是干预法院独立审判的情形，并且这种不恰当的干预极

① 卓泽渊：《论司法改革的整体性》，载信春鹰、李林：《依法治国与司法改革》，中国法制出版社 1999 年版，第 25 页。

有可能会误导法官的判断。此外，在有些情形下，各种监督主体对具体案件的预先认定，甚至可能异化、影响社会公众的情绪，给法院依法独立审判造成干扰，最终影响司法公正，损害司法权威，也侵害了当事人的合法权益。

我们认为，独立审判和接受监督是辩证统一的关系。法院独立审判和接受监督都是为了追求司法公正，一个是通过法院依法依程序解决法律纠纷获得公正裁判，另一个是通过对法院审判的法律监督、社会监督等手段实现公平正义。此外，法院独立审判和接受监督是依法治理国家司法的一体两面，都要遵守和执行国家法律和党的方针、政策、路线，都是全面深化改革必须倚重的强大力量。此外，法院独立审判和接受监督都以公开的方式保障公民合法权利。法院通过公开审理案件并依法作出判决，不仅保障了当事人的合法权利，还以公开判决结果的方式警示、教育了其他社会公众；而广泛的监督主体通过公开监督方式能最大限度地督促法院秉公执法，从而保障公民的合法权益免受不公正待遇。

在法院改革实践中，法院审判权力运行体系虽然已经基本建成，但在独立审判和接受监督方面，还要继续完善包括信访申诉、再审与抗诉案件的审判监督机制，同时继续加强各类案件审判监管制度的建设，总之，独立审判和接受监督的关系依然是法院改革亟待处理的焦点问题。

（四）本土资源和国外资源的关系

以习近平同志为核心的党中央关于全面深化改革的重要论述，明确提出“吸收人类文明有益成果”，习近平总书记也指出：“法治是人类文明的重要成果之一，法治的精髓和要旨对于各国国家治理和社会治理具有普遍意义。”① 此外，辩证唯物主义哲学告诉我们：世界上任何一种事物，都包含普遍性和特殊性两种属性，司法制度改革也不例外。司法制度是各国普遍建立的法律制度，这是共性、普遍性，但不同国家在推行司法制度改革的过程中，有不同的改革措施，这就是司法改革的特殊性。

走进新时代，在全面深化改革的背景下，我们不可避免地要和世界各国文明加强交流，也包括司法体制文明的交流。也就是说，多样化的文明（包

① 习近平：《加快建设社会主义法治国家》，载《求是》2015 年第 1 期。

括司法体制改革）彼此交流、互鉴、共存是一种不可阻挡的趋势，这也是本土资源和国外资源之间关系的发展规律。因此，在建设新时代中国特色社会主义法治（包括法院的司法体制改革）的进程中，应当立足本国实情，在充分利用本土资源的基础上，有甄别地吸收国外资源，吸收人类法治文明的优秀成果，特别是那些反映司法改革运行和制度建构一般规律的域外有益经验，在去芜存菁的基础上吸收和借鉴，以助力全面推进法院改革。

总之，在新时代，法院的司法体制改革对我国而言，依然是一个需要不断探索的鲜活事物，只要法院改革还在路上，世界各国的司法制度文明交流、互鉴、共存就不可避免，我们就必须认真学习、研究、实践、总结两者的规律，就必须妥帖地处理本土资源和国外资源之间关系的重大改革命题。

四、完善审判制度的可行性路径

党的十九大报告指明了法院改革的探索方向——深化司法体制综合配套改革，全面落实司法责任制，努力让人民群众在每一个司法案件中感受到公平正义。据此，我们围绕完善审判制度亟待攻关处理的棘手关系，从顶层价值定位、政治站位以及司法体制、法院人员管理机制的角度来谋篇布局，整合司法资源，协同各项改革措施，构筑法院改革的可行性路径。

（一）宏观路径——价值理念的现代化和问题导向的落实

法院的司法体制改革，既是中国特色社会主义法治国家治理体系的一项重大举措，也是全面依法治国方略在新时代的伟大实践；既是中国特色社会主义法治的制度自信，也契合世界范围内追求公平正义的司法改革潮流。它的顶层价值始终指向“司法为民、公正司法”，在全面深化法院改革进程中，它通过以下三方面体现其价值目标。

首先，法院审判为解决国家治理中出现的法律纠纷提供司法后盾。新时代国家治理和深化改革的路上，不同社会阶层的利益和权利冲突时有发生，国家、社会与各种市场主体的利益格局也一直处于变动调整的状态，人民法院在参与国家治理的同时，发挥自身司法职能，为法治中国建设提供优质司法服务，为解决国家治理过程中出现的法律纠纷提供强大的司法后盾。

其次，法院审判有效地维护着国家治理秩序。法院的审判通过正当的司法程序，并依据稳定的、普遍适用的规则对国家治理过程中出现的法律纠纷，作出权威的判决，既确定了诉讼各方当事人的权利、义务状态，也公开地向其他民众表达了法律对安定社会状态的诉求，同时也警示和教育了那些企图扰乱、破坏国家治理秩序的组织和个人，展示了司法对国家治理秩序的控制力。

最后，法院审判调整公共权力和公民权利的适格地位。公共权力和公民权利都在宪法和法律的范围内行使，统一在新时代中国特色社会主义法治体系建设中。公共权力和公民权利在国家的地位决定了国家机关与公民获得相应权益的资格，如果两者处于和谐的关系，那么将极大地推进国家法治进程；如果两者出现冲突，那么就会成为国家治理的障碍。法院通过审判，依法对公共权力和公民权利的不恰当格局进行调整，既约束、监督了滥用的公共权力，又规范、保护了受侵害的公民权利，从而恢复、平衡两者的法律地位，为全面深化改革和法治中国建设营造良好的法治环境。

此外，司法责任制是法院改革的基石，对提高司法质量、效率和公信力具有决定性影响。概括这一轮法院改革的问题导向，就是紧扣司法责任制这个“牛鼻子”，全力推进司法体制综合配套改革。这项庞杂浩大的系统工程，应优先运用系统思维进行整体谋划，再坚持问题导向，系统集成法院改革路径。

笔者认为，司法责任制的改革已经达到预期效果，接下来就是落实司法体制综合配套改革的路径构想：首先，法院司法体制综合配套改革是一项系统性、整体性、协同性工程，特别讲究整体推进、顶层布局——它既要求法院协同党政机关、其他司法部门形成联动改革合力，又要协同国家依法治国方略齐步前进，并且嵌入政治体制、经济体制、社会体制改革的整体进程。其次，此处“综合”的内容包括系统性、整体性的司法体制，而“配套”则是指辅助性、支撑性改革措施。司法体制综合配套改革将全面、深入地优化法官权责惩戒制度、多元化纠纷解决机制、智慧法院、诉讼参与人权利保障等领域，把司法责任转化为精细的制度建构。最后，司法体制综合配套改革还包含两种工作方法—— 一是坚持以“司法为民”作为改革驱动力，在尊重司法改革规律的基础上，遵循“问题导向和目标导向相统一”的逻辑思路推进司法体制综合配套改革；二是采用“试点→铺开”的模式总结改革的经验得失，进而针对问题谋划解题策略。

总之，法院的司法体制改革要始终坚持问题导向和系统思维，按照党的二十大报告的部署，深化司法体制综合配套改革，全面准确落实司法责任制，全面提升司法能力、司法效能和司法公信，努力让人民群众在每一个司法案件中感受到公平正义。

（二）中观路径——审判制度体系的现代化

法院改革是一项复杂的系统工程，除了价值定位和问题导向的设计，还应当考虑到它牵涉的一系列司法制度和工作机制的改革路径。

1. 落实多元化纠纷解决机制

根据《人民法院“五五”纲要》关于“健全以人民为中心的诉讼服务制度体系”的要求，人民法院在总结化解社会矛盾纠纷的“源头治理”“枫桥经验”基础上，学习扬弃了国外的非讼 ADR 解纷模式，推出了《关于建设一站式多元解纷机制 一站式诉讼服务中心的意见》。这是司法体制综合配套改革工作的亮点，展示了人民法院改革的理论自信、制度自信，它应当从以下三方面贯彻落实。

（1）平台建设应落实“三化”“四立”[①]

落实一站式多元解纷机制首先要有一个实体依托，即是一站式诉讼服务指导中心信息平台。人民法院系统从 2014 年以来，已经有 95% 的法院建成诉讼服务大厅，在此基础上，我们可以引入人工智能、云计算、大数据管理、网络通信等技术，把平台升级为一站式诉讼服务智能化、信息化平台，以此落实上级法院对下级法院的审判监测、监管、分析、评估，及时发现问题、督促整改。同时，依托一站式诉讼服务指导中心信息平台的智能化技术，落实“三化”“四立”，实现多渠道、智能化、一站式诉前化解社会矛盾。

---

① 根据《关于建设一站式多元解纷机制 一站式诉讼服务中心的意见》归纳，“三化”是指：（1）健全立体化诉讼服务渠道。（2）完善集约化诉讼服务机制。（3）发挥信息化效能。“四立”是指：案件当场立、自助立、网上立、就近立。参见《最高人民法院关于建设一站式多元解纷机制 一站式诉讼服务中心的意见》（2019 年 8 月 1 日），http：//www.court.gov.cn/fabu-xiangqing-174602.html，最后访问时间：2023 年 12 月 15 日。

（2）制度构建应落实“两个维度”

一站式多元解纷机制在制度建设方面，应当在两个维度投入力量：一是“走出去”维度，就是能动地发挥法院审判职能作用，给非讼解决纠纷方式提供坚强的司法后盾；二是“引进来”维度，就是依托一站式诉讼服务信息平台，对非讼调解纠纷进行智能化分类，匹配专门调解人员，并对接相应的速裁法官或团队，提高纠纷化解质效。

（3）工作措施应落实“四个层次”

人民法院不断强化“抓前端、治未腐”理念，经过多年实践摸索出台一站式多元解纷机制，应当从以下四个层次推进：一是各级法院应当积极对接党委政府，把司法职能延伸到基层组织、街道社区、村委，协同各级党委政府做好诉源治理工作，提高纠纷化解成效。二是协同各级党委政府、法院、主管部门、街道社区村委，充分发挥诉讼与非讼程序衔接机制的作用，化解主体多元、类型多样、诉求复杂的社会纠纷，切实增强纠纷化解效果。三是依托一站式诉讼服务信息平台，各级人民法院应协同政法委、司法局等职能部门，组建各种专业调解人员人才库，形成法官、法官助理并配备相应专业调解员的富有战斗力的诉调一体团队，运用诉调一体对接机制应对社会纠纷，实现能调则调、当判则判的效果。四是落实“分调裁审”机制，该机制的“分”侧重于根据案由、案情进行繁简分流、归类管理；“调”则要求协同行政调解、司法调解、人民调解进行诉前调解，尽量在启动诉讼程序之前化解纠纷；“裁”就是速裁，经过调解前置，法院对案情简单、事实清楚的纠纷案件，根据简案速裁程序作出民商事、行政裁决；“审”的要求是便捷化诉讼程序，落实简案快审、繁案精审。

2. 落实法官履职保障制度群建构

依法履职的法官是法院司法体制改革的承担者和实践主体，是依法行使审判权，化解社会纠纷，维护、恢复公平正义的“智力劳动者”。因此，法院改革应当包括法官履职保障的制度群、机制群的建构。

（1）落实法官职业安全保障

法官职业安全应当摆在法官履职保障的优先位置，这是确保法官安心履职的基础。法官职业安全应涵盖法官及其亲属的人身安全、财产安全以及心理安全等方面。由于法院工作人员履职时，其行为具有国家性质，任何单位、组织和个人对法官的侵害实质是对抗国家司法权威，因此，很有必要给予法院工作人员特殊保护以确保他们安心履职。

落实法官职业安全保障的具体构想包括：首先，法律规范性文件应当细化《法官法》关于保障法院工作人员职业安全的条款，出台操作性强、指向明确的细则，落实对法院工作人员及其亲属的法律保护；其次，完善法院工作人员身体检查，心理检查、疏导、诊疗制度，探索建立法院工作人员安全风险预警、安全应急处理机制；再次，健全法院工作人员安全教育培训常态化机制，提升法院工作人员安全防范意识；最后，配备专职化、专业化的保障法官职业安全的安保队伍。

（2）落实法官权责清单和奖惩制度

首先，法院改革应当明确法院系统各层级各岗位的法院工作人员的权力清单和责任清单。这有利于法院依法、有序、独立履行审判职能，也有利于配套法官的提拔、晋级、任免、奖惩等措施。

其次，健全审判组织、主审法官责任制。目标在于通过健全审判组织实现科学划分审判权限，通过强调主审法官的权责相当，实现其审判主体地位，落实“让审理者裁判、由裁判者负责”。

再次，探索建立健全法官奖惩制度。法院改革可以尝试结合法院审判实务确定法院工作人员的奖惩事由、种类、标准、程序以及相应救济措施。

最后，保障法院工作人员享有充分的申诉、控告权，探索法官依法免责制度。落实法官依法享有的申诉、控告权利，是一项保障法官履职的救济制度，可以保障法院工作人员的合法权益，维护司法公正。在制定法官责任清单的同时，也可以探索法官依法免责的制度建构，在免责事由的程序和内容方面可以进行探索，以更好地纾解审判者的后顾之忧。

（3）落实法官职业待遇保障

法院工作人员的职业待遇包括职业身份、荣誉和物质收入等方面，具体保障制度构建包括：首先，法官的身份保障。法官的职务任免、调动、轮换、晋升都有严格程序限定和保障，为法官的个人发展和职业提升创造了稳定的预期和公平竞争的环境。其次，法院独立审判和公正司法给法官带来高度的职业认同感和荣誉保障，人民法院层出不穷的优秀法官群体也给社会树立了正面形象。最后，结合我国实情，逐步改善提高法院工作人员的薪酬、保险、福利待遇，为法官依法履职提供可靠的物质保障。

3. 健全司法审判质效评估机制

《人民法院“五五”纲要》和2021年7月的全国法院贯彻落实政法领域全面深化改革推进会，都围绕司法体制改革提到了司法审判质效评估对检验法院改革成效的重要性，这给司法审判质效评估机制指明了建构方向。

首先，建立健全司法审判质效评估体系应当以“司法为民、公正司法”为价值取向，审判质效评估体系的指标设计应当综合司法机关内外评价、社会评价、审判规律等因素进行权衡，避免简单化、绝对化、片面化的设计方案。

其次，司法审判质效评估体系应当排除有碍司法公正的外部因素干扰，着重关注案件审理和裁判的质量，评估规则的设计应当兼顾客观公正的案件程序和实体裁判，摒弃主观性的评价。

再次，司法审判质效评估体系的设计应当尊重司法审判的客观规律，应与各级法院的实际司法能力相匹配，应考虑层级和地区的差异性，应遵循司法系统内部和系统外部评价相结合的原则，评估指标务必细化并具有可操作性，防止出现“数据崇拜”“以数据排名论输赢”的异化现象。

最后，正确处理司法审判质效评估与绩效考评的关系。两者都是在确保司法公正的前提下提高审判效益，只是功能有所区别，审判质效评估的科学考核指标是防止“大锅饭”式的评价模式对法官审判工作积极性的挫伤，而绩效考评的功能更侧重于审判管理，通过绩效考评把法院的宏观管理落实到具体法官和个案的管理中。因此，司法审判质效评估与绩效考评价值目标取向是一致的，只是分别从宏观和微观角度推进法院改革。

（三）微观路径——具体改革措施

1. 建构信息化、智能化法院的具体措施

首先，从智慧法院、信息化法院的基础硬件建设方面考虑，应当配备以下智能化系统：（1）智能同步转换电子系统。这套系统通过信息技术，可以把案件审理每个阶段产生的诉讼文件，同步转换为电子卷宗，然后，传输到案件处理系统为法官全流程在线办案、审判管理者在线精准监管提供了智能化服务。这套系统既为智慧法院奠定基础，也切实减轻了法官工作负担，便利了当事人，规范了司法管理。（2）庭审及办公语音识别系统。它可以自动区分庭审发言对象及发言内容，采用人工智能将语音转化为文字，再辅以少量手动修改即可形成庭审记录。它还能配合电子卷宗等技术运用于案件评议、裁判文书制作、行政事务等场景，这套系统极大纾解了人案矛盾并极大地提高法院审判的工作效率。（3）辅助生成司法文书的智能化、信息化技术。它不仅可以模拟各种裁判文书的格式，还可以嵌入裁判文书的内容，这极大减轻了法官的文案工作量。（4）智能审判辅助系统。这套智审系统包含了智能计算、智能推送法条、辅助法官梳理案情、辅助法官确定裁判尺度、辅助电子送达司法文书等功能，极大便利了审判工作。

其次，从以审判为中心的诉讼制度改革方面考虑，信息化、智能化法院应当配备以下智能化系统：（1）智能辅助办案系统。它利用人工智能和大数据技术，分拣、确定各个诉讼阶段的证据，把结论传送到智能办案平台，以辅助司法人员收集、审查证据，为后续司法裁判提供准确、统一的尺度。（2）智能自助案件繁简分流系统。它运用智能化手段，根据诉状和基本信息来初步判定案件的繁简程度，然后自动分流案件；此外，它还可以根据存储的涉案标准化法律规范，对简单案件启动速裁快审程序，以节约司法资源。（3）司法数据互联共享系统。它借助信息技术实现法院、检察、公安、司法部门之间的司法数据互联共享，确保案件的事实认定和证据链经得起法律的检验，从而提升审判质效和审判效益。

再次，从法院司法公开的角度考虑，应当从以下三方面推进信息化、智能化法院建设：（1）加快信息化、智能化法院的司法公开平台建设。司法智能化、信息化建设高速推进，目前已建成由最高人民法院官网直接链接的全国法院四大公开平台，即审判流程信息公开平台、庭审直播公开平台、裁判文书公开平台、执行信息公开平台。（2）拓宽信息化、智能化法院公开范围。目前法院的司法公开在信息技术的辅助下，除了四大公开平台的信息之外，还逐步公开全国企业破产重整案件信息、典型司法案例、相关司法大数据等。（3）丰富信息化、智能化法院公开的形式。信息技术丰富了法院信息公开的途径，包括中央媒体、社会媒体、新媒体和自媒体都纳入司法公开的渠道，这有利于法院及时、客观、全面地与公众良性互动，从而促进司法公开。

最后，从法院审判监管的角度考虑，信息化、智能化法院应当配备以下智能技术支撑系统：（1）静默式审判监管系统。信息技术辅助主审法官、合议庭以及分管副院长、庭长通过网络即可完成审判和监督的双向静默交流，从审判和监管两个角度落实审判组织的责任。（2）司法智能化、信息化技术助力理顺法院辅助系统的管理关系。智能化、信息化技术在法院系统的横向和纵向上，科学配置岗位、人员、职责，再配备相应岗位的业绩评价、绩效考核，从而节省司法资源，体现奖勤罚懒，推动效率优先，讲究公平的考核体系的建构。（3）智能案件监管辅助预警系统。信息化技术可以综合大数据、云计算的结果，大范围地梳理法院的司法审判文书和合议庭意见，还可以依据以往审判经验，构建某种类型案件的裁判模型，然后从案例库和法律规范库中自动查找、匹配类似案例的裁判，最后计算出同类案件的判决结果，这套系统甚至还可以对明显偏离裁判公正度的判决书自动进行分析、监测、预警。这样一来，信息技术就可以实现既统一裁判尺度，又尊重法官的自由裁量，还可实现案件监管的平台化、公开化。

2. 提高司法审判效益的具体措施

为了提高司法审判效益，这一轮的法院改革应当包含以下的制度、政策和措施。

首先，规范化、正当化、便捷化司法审判程序，提高审判效率和效益，解决法院人案矛盾等突出问题，提高司法审判效益。

其次，尊重司法审判规律，采用智能化、网络大数据管理技术打造科学的审判评价管理模式，发挥绩效考核的正向激励功能，凸显法官责任主体地位，以高质高效完成审判工作为目标，切实提高司法审判效益。

再次，协同诉讼与非诉讼相结合的多元纠纷解决模式，引入灵活的诉讼费用分担制度，创新诉调联动、调解前置的解纷机制，提高司法审判效益。

最后，注重形式司法正义的同时，实时关照实质司法正义。在司法审判过程中，法律条文的适用应当结合案情，既坚持文本解释，又引入合目的性解释、逻辑解释、系统化解释等方式，促使司法判决实现最佳效益。

3. 提高法官的职业水平，加强法官队伍建设

根据《人民法院“五五”纲要》的部署，配套法院改革的法官队伍建设应当包含以下构想。

首先，健全法院工作人员的职业教育培训机制，通过定期业务培训、脱产或半脱产学习、网络视频教学、“云课堂”互动学习、巡回授课等方式，提高法院工作人员的职业素养。

其次，加强法官审判业务交流，通过典型案例示范，统一审判思维和法律适用标准，引导法官在把握审判尺度方面保持同质化趋向。

再次，善于运用互联网大数据技术，分享不同审判合议庭、审判业务的有益经验，提高法官的审判业务能力。

最后，加强与法学高校、法学专业科研机构、社会各司法业务相关的产学研机构的双向交流、学习，培养接地气的、既有丰富审判实践经验又有司法前沿理论素养的高级专家型法官及战略储备人才。

◉ 第八章 ◉

生态文明制度体系现代化

党的十八大以来，习近平总书记围绕生态文明建设提出了一系列新理念新思想新战略，形成了习近平生态文明思想。其中，用最严格的制度、最严密的法治来保护生态环境是习近平生态文明思想的一个重要内容，也是坚持和完善生态文明制度体系、推动生态环境领域制度现代化的重要要求。

一、用最严格制度、最严密法治保护生态环境的必要性和重要性

习近平总书记在不同场合多次、反复强调要用最严格制度、最严密法治保护生态环境。落实“最严法治观”的重要性和紧迫性主要体现在如下方面。

（一）由法治的功能和作用所决定

“法治”意味着严格依照法律来治理国家。法治的基本功能在于，通过制定法律形成普遍认同的规则，进而规范人们的行为，从而建构人类生存和发展所需遵守的秩序。在西方，古希腊哲学家亚里士多德在其《政治学》一书中最早提出“法治”思想，认为在法治社会中所有治者与被治者都是自由公民，都是平等的，都享有法律上的平等权利，即使是统治者也不能为所欲为，

也要受到法律的监督。[①] 相较于在人类历史上曾出现过的“神治”“人治”“德治”“吏治”等治理方式，法治能够运用国家的强制力来规范人民的行为，从而服从一定的目标、秩序的需要。因此，从社会治理的角度来说，法治是现代社会治理中治理成本最低、效率最高的一种治理方式，是现代国家治国理政的基本方式。司法解决生态环境问题，同样必须依靠法治对生态环境实施严格保护，否则难以实现生态环境保护目标。

（二）由生态环境与人类生产和发展的关系所决定

在人类诞生后的农业文明岁月里，人类通过刀耕火种的农业生活获取食物，维系生存。随着人类农牧业生产的发展、城市的出现等，产生了森林砍伐、草原毁坏等情况，但这种对环境的破坏具有区域性、局部性和短期性。从工业革命开始，蒸汽机、发电机等工业设施被发明并被推广使用，极大地增强了人类改造自然的能力。特别是第二次世界大战后，随着科技的进步和经济的快速发展，人类在面对自然时，将自然作为改造和利用的客体，无视自然规律，肆意向自然索取资源、向自然倾倒污染物和垃圾。由于人类不正确地处理生态环境与生产和发展的关系，造成了对生态环境的极大破坏，由此带来了前所未有的严峻环境问题。印度博帕尔毒气泄漏、切尔诺贝利核电站泄漏、臭氧层空洞、全球气候变暖等世界环境问题引起了人类的关注。以“八大公害事件”[②] 和“新八大公害事件”[③] 为显著代表的严重环境污染和生态破坏引起了人类对环境问题的警觉，人类开始从生态环境本身、从自然规律的客观性出发，反思并重新建构生态环境与人类生产和发展的关系。

（三）由我国目前生态环境的现状所决定

近年来，我国经济发展迅猛，中国经济运行保持着高速增长。但是，随之而来的是环境资源约束趋紧、环境污染严重、生态系统退化的严峻形势。生态环境部 2023 年 5 月发布的《2022 中国生态环境状况公报》载明，2022

---

① 朱贻庭主编：《伦理学大辞典》，上海辞书出版社 2002 年版，第 292~293 页。

② 环境法学界一般将马斯河谷事件、多诺拉烟雾事件、伦敦烟雾事件、水俣病事件、四日市哮喘事件、米糠油事件、痛痛病事件和洛杉矶光化学烟雾事件称为“八大公害事件”。

③ 环境法学界一般将发生于 20 世纪 80 年代的意大利塞维索化学污染事件、美国三里岛核电站泄漏事件、墨西哥液化气爆炸事件、印度博帕尔农药泄漏事件、苏联切尔诺贝利核电站泄漏事件、瑞士巴塞尔赞多兹化学公司莱茵河污染事件、全球大气污染和非洲大灾荒被称为“新八大公害事件”。

年全国339个地级及以上城市中，37.2%的城市环境空气质量超标。酸雨区面积约48.4万平方千米，出现酸雨的城市比例为33.8%，酸雨频率平均为9.4%。面对严峻的环境问题，党和国家高度重视、多次强调生态环境保护的重要性。但即便如此，私设暗管、随意排污、盗伐滥伐林木、非法捕捞等污染环境、破坏生态的违法行为仍屡禁不止，亟待用最严格的制度、最严密的法治规范行为，维护我国生态安全。

（四）由生态环境治理古今中外经验教训所决定

在公元前3世纪，先秦思想家荀况就指出，要按照自然法则处理人类与环境的关系，“草木荣华滋硕之时，则斧斤不入山林，不夭其生，不绝其长也；鼋鼍、鱼鳖、鳅鳣孕别之时，罔罟毒药不入泽，不夭其生，不绝其长也；春耕、夏耘、秋收、冬藏四者不失时，故五谷不绝而百姓有馀食也；洿池、渊沼、川泽谨其时禁，故鱼鳖优多而百姓有馀用也；斩伐养长不失其时，故山林不童而百姓有馀材也”。[①] 在我国古代也有关于环境保护的律令。《韩非子·内储说上》载：“殷之法，刑弃灰于街者。”[②] 从国外来看，20世纪初至20世纪60年代，西方工业化国家公害发展和泛滥，引发了大规模的反公害运动，各国开始制定大量的环境法规，采取各种措施防止污染和公害。比如，美国在1948年颁布《美国水污染控制法》，后修改定名为《美国清洁水法》，1965年颁布《美国固体废物处置法》，后修订改名为《美国资源回收法》，1963年颁布《美国清洁空气法》。英国在1956年修订颁布了《英国清洁大气法》，1960年颁布《英国清洁河流法》等。前联邦德国在20世纪50年代至20世纪70年代制定了《联邦自然保护法》《联邦空气污染防治法》《原子能法》等三十几部环境法律法规，把环境法扩大到工业、交通、城建和水域管理等许多部门。[③] 可以说，古今中外，对生态环境的保护无一例外都依靠严格的法律制度。

---

① 《荀子选注》，天津人民出版社1975年版，第135页。

② 《中国大百科全书·环境科学》，中国大百科全书出版社1983年版，第502页。

③ 吕忠梅主编：《环境法原理》，复旦大学出版社2007年版，第27页。

二、“最严格制度、最严密法治”的内涵与要求

（一）“最严格的制度”的内涵和要求

对“最严格的制度”并没有一个通行的定义，但是通过对该概念的纵向和横向分析，可以将其内涵、同时也是现阶段推进生态文明制度体系现代化的主要要求概括如下。

1. 纵向角度

从纵向看，最严格的制度体现在自上而下的动态管理。主要包括十方面：一是“严防”，即用最严格的制度来预防环境污染和生态破坏行为的发生。二是“严保”，即对生态环境采取最严格的保护措施。三是“严标”，即实行最严格的生态环境保护标准，强化环境保护、自然资源管控、节能减排等约束性指标管理，推进生态环境和自然资源统一调查、评价、监测工作。四是“严禁”，即针对破坏生态、污染环境的情况，设置严格的禁令，通过禁止性规范设定行为边界。五是“严谕”，即以严肃的态度和方式告知民众、教示民众、宣传民众，让民众知晓这些制度和法律规范，明白如其一旦违反将要承担的法律后果。六是“严管”，即对生态环境全领域、全过程，特别是在重点环节、重点区域实行严格管理。七是“严治”，即对破坏环境或者有害、妨碍生态环境的行为，如对直排、偷排超标污水，在海岸、长江沿岸擅自筑坝、筑堤、拦截取水、挖沙等行为进行专项整治、从严治理。八是“严查”，即对违反环境保护相关法律法规的行为要主动履职，依法从严查处。九是“严究”，即对违反环境保护相关法律法规的行为要依法从严追究，以最严厉的问责严格落实企业主体责任和政府监管责任，实行生态环境损害责任终身追究制。十是“严处”或者“严惩”，即对破坏生态环境、污染环境的行为要从严惩处，让违法行为人依法承担相应的法律责任。

2. 横向角度

从横向看，最严格的制度体现在制度本身的完整性和自洽性。主要包括四方面：一是要构建产权清晰、多方参与、激励约束并重、系统完整的制度体系，形成绿色发展、循环发展、低碳发展的制度体系目标。二是要在制度

体系内部构建有机统一、系统协同的制度群。最严格的制度并不是具体的、孤立的一个制度，而是由不同的、相互配合的制度构成的制度群。只有这些制度相互协同、相互配合，最严格的制度才可得以实施。三是要构建强有力的利益导向机制，形成提高违法成本、减轻或消除守法成本的利益导向，确保制度体系能够有效实施。四是要构建具有刚性的惩戒体系，让制度能够成为刚性的约束和不可逾越的高压线。只要有人违反制度规定，则必然受到追究。

（二）“最严密的法治”的内涵和要求

与“最严格的制度”一样，“最严密的法治”也没有统一的定义，但是通过梳理，其丰富的内涵主要体现在以下几方面。

1. 建立严格的生态环境保护和污染防治法律规范体系

从生态环境保护的规范对象角度落实严密的法治主要体现在两方面：一方面，是对生态环境保护和恢复的规范。自然资源虽然多样，但具有脆弱性和不可替代性，一旦受到破坏则极难恢复，因此，要通过建立具有修复导向的生态环境保护法律规范。另一方面，是对环境污染防治的规范。环境本身具有一定的环境容量，当人类的活动超过环境所能承载的容量范围，则会产生环境污染。因此，要通过建立源头预防、过程监管、结果管控为导向的污染防治法律规范，形成涵盖生态保护和污染防治两方面的严密法治体系。要加快建立健全国土空间规划和用途统筹协调管控制度，统筹划定落实生态保护红线、永久基本农田、城镇开发边界等空间管控边界以及各类海域保护线，完善主体功能区制度。要完善绿色生产和消费的法律制度和政策导向，构建以排污许可制为核心的固定污染源监管制度体系，完善污染防治区域联动机制和陆海统筹的生态环境治理体系，加强农业农村环境污染防治。

2. 建立法律规范的行为模式和法律后果相互对应的严密法律规范体系

一般来说，从立法技术上，一个完整的法律规范往往由假定条件、行为模式和法律后果三方面组成。其中假定条件给出法律规定的适用条件；行为模式指出人们应具体如何行为，即在假定条件下，行为人应该做什么、可以做什么以及不得做什么；法律后果则是法律对行为人行为后果的法律评价。只有行为模式而没有法律后果那是“不长牙齿的老虎”；只有法律后果但没有科学的行为模式，就有可能滥用国家强制力。因此，严密的法律规范体系要求每一个微观的法律规范都必须做到行为模式和法律后果的完备和协调；一个完整的法律规范也一定包括相互联系、相互对应的行为模式和法律后果。

3. 建立涵盖山水林田湖草各环境要素的法律规范体系

2013 年 11 月，习近平总书记在《中共中央关于全面深化改革若干重大问题的决定》的说明中，向党的十八届三中全会第一次正式提出“山水林田湖是一个生命共同体”。2017 年 7 月 19 日，中央全面深化改革领导小组第三十七次会议审议通过的《建立国家公园体制总体方案》中，首次将“草”纳入山水林田湖同一个生命共同体。党的十九大报告中要求“统筹山水林田湖草系统治理”。党的二十大报告提出，坚持山水林田湖草沙一体化保护和系统治理。这形成了包括各环境要素在内的系统治理规范体系。因此，最严密的法治在考虑生态环境保护和污染防治的时候，必须建立统筹考虑山水林田湖草沙系统治理的法律规范体系，加强森林、草原、河流、湖泊、湿地、海洋等自然生态保护，加强对重要生态系统的保护和永续利用，构建以国家公园为主体的自然保护地体系，加强长江、黄河等大江大河的生态保护和系统治理，开展大规模国土绿化行动，加快水土流失和荒漠化、石漠化综合治理，保护生物多样性，筑牢生态安全屏障。

4. 建立源头治理、系统治理、综合治理、依法治理的法律规范体系

生态环境的特性决定了“破坏 / 污染—保护—修复—破坏 / 污染”循环往复的治理路径，因此，“最严密的法治”旨在对破坏生态、污染环境的行为在源头上严防、在过程中严管、破坏了严惩来倒逼保护的关口前移。此外，通过打破治理路径的分割性，能够实现保护修复—治理预防齐头并进的综合治理、依法治理路径。

5. 建立立法、执法、司法、守法环环相扣的法律规范体系

最严密的法治是一个动态的法律治理过程。要构建科学民主立法、全民普遍守法、严格规范执法、公正高效司法的法治体系。推动建立生态文明建设目标评价考核制度，健全生态环境监测和评价制度，推进生态环境保护综合执法，落实中央生态环境保护督察制度，完善生态环境公益诉讼制度，落实生态补偿和生态环境损害赔偿制度，真正做到立法无漏洞、守法无特权、

执法无死角、司法无偏袒。

三、贯彻“最严格制度、最严密法治”之关键问题

（一）贯彻“最严格制度、最严密法治”的现实制约因素

1. 法律规范不严密、不严厉、不系统

立法的滞后性和技术的不成熟性，导致我国有些环境法律法规不完备，难以全面回应实践需求；有些法律规范还有不少的法律漏洞，各法律规范间“打架”的情况时有发生，或者落后于时代，缺乏系统性；有些违法行为的法律后果不够严厉，导致违法成本低，环境法律规范仍未摆脱“软法”的法律属性，缺乏制度刚性。

2. 企业的环保法律意识不强

从新闻媒体的报道和司法、执法实践中受理的案件看，破坏和污染环境的行为比比皆是。尤其是一些企业、小作坊，环保法律意识仍较为淡薄，为了追求高额的经济利润，规避法律、违反法律的行为仍较为普遍。

3. 环保行政执法和司法尚有不严格的情形

比如环保执法不严。主要原因在于：在我国，发展仍是执政兴国的第一要务，有些地方以破坏生态、污染环境换取经济发展、增加财政收入的传统观念尚未根本扭转。违法者通过向执法人员行贿、促使执法人员参与企业经营等方式形成利益共同体，致使执法人员被利益相关方所俘获，加之企业作为税收来源，特别是一些污染较重的大企业反而往往是纳税大户，执法更难严格。以改代罚、以罚代刑的现象时有发生。此外，执法不公现象仍然存在。突出表现在选择性执法上：人际关系的亲疏远近、税收贡献大小多寡往往对法律的平等适用带来消极影响，地方保护主义仍然存在。

（二）贯彻“最严格制度、最严密法治”须重点关注的问题

最严格的制度、最严密的法治强调系统思维和目标导向，与此同时，囿于资源的有限性，在解决问题时还须注意问题导向，不能“胡子眉毛一把抓”。要通过解决重点问题，达到“各个击破、全面获胜”的效果。

1. 要注意罪刑法定原则和处罚法定原则的适用

在刑事领域，按照费尔巴哈的经典表述，罪刑法定的基本含义是“没有法律就没有刑罚，没有法律就没有犯罪”。[①] 也就是说，某种行为是否构成犯罪必须有成文法律的规定，同时，犯罪行为人应当受到的处罚亦应是相对确定的，否则，对任何人均不能以犯罪论处。我国 1997 年《刑法》从完善我国刑事法治、保障人权的需要出发，明文规定了罪刑法定原则，并废止类推，成为刑法修订和我国刑法发展的一个重要标志。《刑法》第 3 条规定：“法律明文规定为犯罪行为的，依照法律定罪处刑；法律没有明文规定为犯罪行为的，不得定罪处刑。”在行政法领域，行政合法性原则是行政法治的核心要求，指行政权力的设立、行使必须依据法律，符合法律要求，不得与宪法和法律相抵触。行政合法性原则要求行政主体必须严格遵守行政法律规范的要求，不得享有行政法律规范以外的特权，超越法定权限的行为无效；行政违法行为依法应受到法律制裁，行政主体应对其行政违法行为承担相应的法律责任等。处罚法定是行政合法性原则的内涵之一。基于此，在生态环境领域贯彻最严法治观时，对违反生态环境保护法律规范的行为，应当从严处理、从严惩处，但是需要注意的是，必须由法定机关在法律授权的范围内进行刑事制裁和行政处罚，不得超出法定的限度。

2. 要注意处罚适用的类型化和平等性

处罚适用的类型化旨在基于一定的标准对不同的行为模式适用不同法律规范予以调整。法律作为内部相互统一的科学法律规范体系，本身即是在对不同行为调整基础上多元化的统一。如果不注意区分行为模式的类型，采取一刀切的方式，则有违最严法治观的初衷，难以实现公平正义。因此，只有建立科学合理的评价标准和调整模式，实现处罚适用的类型化，才能使最严法治观在生态环境保护中更具可持续性和生命力。处罚适用的平等化则要求生态环境执法和司法要对所有当事人平等适用法律，不能选择性执法、选择性司法。平等是世界各国普遍追求的价值理念，也是公民应当享有的一项法律上的权利，其在法律上往往通过宪法性文件予以表达。法律面前人人平等

① 周光权：《刑法总论》，中国人民大学出版社 2016 年版，第 39 页。

是我国宪法确立的社会主义法治的一般原则。生态环境执法、司法与相对人、当事人的切身利益直接相关，贯彻最严法治观要求对所有人一视同仁的从严，亦即相同情况相同处理，不同情况区别对待。

3. 要注意贯彻宽严相济的原则，不能无视处罚政策和策略

刑事政策是党和国家在一定历史条件下制定的防治刑事犯罪的战略、策略、原则、方针等。法律具有稳定性、规范性的特点，法律一经制定，就应当保持相对稳定，不宜频繁修改。刑事政策所具有的灵活性、动态性的特点，能够为刑事法律提供辅助支持，从而保证刑事法律的运用取得良好效果。实行宽严相济的政策，主要基于以下考虑：宽严相济可以使社会的用刑量不至于短时间内达到最高峰值，能够使处罚的威慑力具有可持续性；宽严相济有利于促使违法犯罪行为人终止犯罪，给予其停止犯罪的合理预期，或者不向最严重的犯罪发展；宽严相济可以发挥刑事政策的规范指引作用，引导社会形成违法犯罪的羞耻感，避免和减少违法犯罪行为。同时，最严法治观中的“最严”不等于严酷，处罚要严格、严厉而非残酷严苛。因此，宽严相济刑事政策中的“相济”，主要是指在对各类犯罪依法处罚时，要善于综合运用宽和严两种手段，对不同的犯罪和犯罪分子区别对待，做到严中有宽、宽以济严；宽中有严、严以济宽，合情合理地适用处罚手段。

四、落实“最严格制度、最严密法治”，在环境司法中实现审判能力现代化

（一）弥补环境资源法律漏洞

环境资源审判是适用法律审理案件的过程，其不仅仅是被动适用法律，而是具有一定的能动性。司法审判机关可以通过发挥司法解释、司法政策和司法建议的作用，积极弥补法律漏洞，规范行政执法行为。

1. 通过司法解释解决法律适用问题

德国学者将法律需要解释的原因归纳为三个要素，即制定法的开放性、法律方法的不确定性以及对公平和正义理解的分歧。可以说，法律解释是法律适用的核心。在人民代表大会制度下，立法机关拥有最终法律解释权的同

时，不应排除司法机关对属于审判工作中具体应用法律的问题进行解释的资格。但是需要注意司法机关在进行司法解释时的限度：一是司法解释不能违反处罚法定和罪刑法定的原则；二是司法机关不能通过司法解释为自己创设权力；三是司法机关不能通过司法解释为当事人设定不必要的、不合理的义务，更不得剥夺限制他人的法定权利。

2. 要建构统一的法律解释规则

在立法机关、司法机关和执法机关均有法律解释权的情况下，因不同的机关具有不同的理念、不同的经验、不同的背景，因此对法律会产生不同的理解，此时会产生法律解释不统一的问题。因此，有必要构建统一的法律解释规则。法律解释方法，是指法律解释的思路、方式和程序。通过法律解释方法，可以明确按照什么样的方式理解和阐释法律，并填补法律漏洞。一般来说，法律解释是在法律对待决案件已有规定，并且在其文义的可能范围之内进行的解释。[①] 这些方法主要包括：文义解释、体系解释、目的解释等。这些法律解释方法来源于实践经验，各个方法在适用时需符合一定的逻辑性并须辅之以科学的论证，从而使各个法律解释方法在适用时具有可操作性。在此基础上，形成被普遍认可的法律解释方法和解释规则体系。

（二）充分发挥三大审判功能，从严惩治破坏生态环境和侵犯环境权益的行为

1. 刑事审判

刑法乃规定犯罪行为及其法律后果即刑罚的法律规范。刑罚作为社会防卫手段，不仅对犯罪人、被害人及其家属产生影响，而且对社会其他成员产生作用。一般认为，刑罚具有以下三种功能：[②] 一是威慑功能。主要指刑罚以其具有剥夺权益的强制力而令人因畏惧以致不敢犯罪。二是教育功能。刑罚的制定、裁量和执行本身，正是法制宣传教育的一种形式。国家通过颁布刑罚规范和公开对犯罪人判处刑罚，无疑可以使广大公众明辨什么是有利于社会的正当行为，什么是有害于社会的犯罪行为以及犯罪行为会招致什么样的

---

① 王利明：《法律解释学（第二版）》，中国人民大学出版社 2016 年版，第 56 页。

② 张军主编：《刑法（总则）及配套规定新释新解》，人民法院出版社 2017 年版，第 404~405 页。

后果，从而促使其自觉守法。三是鼓励功能。主要指通过犯罪人被判处和执行刑罚，对公众所产生的鼓舞和激励作用，这符合人民群众对“公平正义”最朴素的价值判断。

通过环境资源刑事审判工作，依法惩处污染环境、破坏资源以及环境资源监管失职的犯罪行为，督促环境资源监管人员积极履行职责，有效威慑潜在的污染行为人和资源破坏者，教育广大人民群众自觉保护生态环境，合理利用自然资源，防范和减少污染环境、破坏资源犯罪。但是，在环境资源刑事审判工作中对污染环境、破坏资源的行为依法从严惩处的同时，需要注意刑罚功能的发挥并非一刀切的顶格处罚。《尚书·吕刑》中称：“轻重诸罚有权，刑罚世轻世重，惟齐非齐，有伦有要。”刑罚世轻世重指的是根据社会治安状况和犯罪形势决定实施刑罚的轻重。对于刑罚的适用，在各个不同的历史时期，其轻重程度是各不相同的。“刑罚世轻世重，有伦有要”就是要根据不同时期犯罪的不同情况，依照客观形势，制定和正确执行轻重不同的刑罚，以实现社会秩序的安定。因此，在环境资源刑事审判工作中需要根据犯罪情况的不同，在类型化和差别化的基础上适用刑事政策，从而实现平等化和公平化。

2. 行政审判

基于行政权的直接性、便利性和专业性，生态环境监督管理机关依法行使预防环境污染和生态破坏的法定职权，能够引导行政相对人遵守环境保护法律法规，依法承担相应责任。因此，对生态环境监督管理机关的合法行政行为，环境资源行政审判要依法予以支持，以有效制裁污染环境、破坏资源的违法行为。同时，对违法的行政行为要依法监督、及时纠正。需要注意的是，对违法的行政行为应依据违法程度、情节予以分类处理。

（1）轻微违法行为

我国《行政诉讼法》第74条规定，行政行为依法应当撤销，但撤销会给国家利益、社会公共利益造成重大损害的，人民法院判决确认违法，但不撤销行政行为。这种情形又称情况判决，系指被诉行政行为违法本应判决撤销，但考虑到案件的特殊情况，如撤销会给国家利益、社会公共利益造成重大损害等，故以确认违法的判决保留行政行为的效果。在决定是否撤销被诉行政行为之前，应将违法行政行为所产生的公益与该行政行为所侵害的私益或公益进行比较权衡后再予判断。情况判决一般包括确认被诉行政行为违法和同时责令行政机关对受违法行为侵害的当事人采取补救措施或赔偿两部分。

（2）重大违法行为

依据我国《行政诉讼法》的规定，对重大违法行政行为可以视情节采取撤销、责令重作或者确认无效等。此时需发挥司法判决裁判说理的指引评价作用，加强文书的释法析理。既要明确生态环境监督管理机关在履职中的不当之处，又要指出破坏资源、污染环境行政相对人的违法行为，从而督促行政机关摒弃环境行政执法“重结果、轻程序”的思想，在规范行政机关依法行使职权的同时，发挥环境资源行政审判教育引导行政相对人的积极作用。

（3）行政不作为

行政机关怠于履行法定职权，未对应予处罚的违法行为人采取处罚措施，不仅会侵害受害人的合法权益，还会有损与违法行为人具有竞争关系但合法守法经营的竞争权人的合法利益。相较于违法行为人的低廉违法成本，竞争权人的合法守法经营变相提高了其守法成本，降低了竞争权人在市场中的竞争力。竞争权人虽非行政机关行政行为所直接针对的对象，但是行政机关怠于履行查处的法定职权将影响其相关权益。从利害关系标准出发，似应从法律上明确赋予竞争权人对行政机关怠于履行法定查处义务的诉讼主体资格。

3. 民事审判

环境资源民事审判在切实保障人民群众的人身、财产和环境权益方面具有重要作用。司法实践中需注意以下几个问题：

（1）探索扩大环境民事公益诉讼主体资格的科学路径

作为生态文明法律制度的重要组成部分，2012 年修正的《民事诉讼法》，首次从法律层面确立了环境公益诉讼制度。十余年来，环境公益诉讼制度不断完善，形成了以《民法典》生态环境公益侵权责任制度和《民事诉讼法》《行政诉讼法》《环境保护法》规定的环境公益诉讼制度为法律依据，以环境民事公益诉讼、检察公益诉讼、生态环境损害赔偿诉讼等司法解释为细化补充，包含民事、行政、刑事附带民事公益诉讼等类型的生态环境公益保护规则体系。党的二十大报告强调“完善公益诉讼制度”，体现了对公益诉讼制度的价值和实践效果的充分肯定，明确了公益诉讼在推进人与自然和谐共生的中国式现代化中的重要地位和作用，给新征程中全面加强生态环境公共利益司法保护提出了新的更高要求。据统计，2019年以来，检察机关共立案办理生态环境和资源保护领域公益诉讼案件33.6万件。可以看出，检察机关已成为提起环境公益诉讼的主力。在环境民事公益诉讼积累更多经验的基础上，可以探索由个人作为环境民事公益诉讼主体起诉的诉讼制度。当然，相较于社会组织和检察机关，个人在举证能力上明显不足，特别是环境污染涉及较为专业的技术问题，不管是通过鉴定还是评估，都需要耗费较高的金钱和时间成本。因此，即使将提起环境民事公益诉讼的主体扩大至个人，仍需要建立相关的诉讼制度，否则仍难以起到维护环境公益的目的。

（2）充分发挥行政机关的专业优势

《生态环境损害赔偿制度改革方案》规定，省、市地级政府有权提起生态环境损害赔偿诉讼。最高人民法院亦对生态环境损害赔偿诉讼出台司法解释予以规范。需要注意的是，与诉讼所耗费的诉讼成本、资源和周期性相比，行政机关的行政权具有便利性和时效性。环境资源行政主管部门在损害调查、鉴定评估、制定和组织实施生态环境修复方案等方面具有专业人才、技术、设备、执法手段的优势，因此，在探索完善生态环境损害赔偿诉讼规则的同时，要注重发挥行政机关在环境治理中的优势地位和积极作用，支持行政机关适用限期治理、限期恢复等责任形式，通过行政决定、行政处罚等可以达到生态环境恢复的，应穷尽行政手段。充分利用行政执法阶段证据的直接性和时效性，对环境资源行政主管部门或者其委托的机构在执法过程中形成的事件调查报告、检验报告、检测报告、评估报告、监测数据等，经当事人质证且符合证据标准的，可以作为认定案件事实的根据。进一步规范和优化生态环境损害发生后赔偿权利人与赔偿义务人磋商协议的司法确认程序。在法律框架范围内创新、完善与环境资源行政主管部门实施生态环境修复的衔接机制，及时推进生态环境修复工作有序开展。

（3）严格适用惩罚性赔偿

惩罚性赔偿是指被告以恶意、故意、欺诈或放任的方式实施加害行为致原告受损的，原告可以获得实际损害赔偿之外的增补赔偿。因其目的在于通过对被告施以惩罚，阻止其重复实施恶意行为并警告他人不要采取类似行为，故惩罚性赔偿通常适用于侵权领域。[①]我国在消费者权益和食品卫生安全等领域的法律法规中规定了惩罚性赔偿。但是，惩罚性赔偿的适用不管是在实务界还是理论界都仍有争议。有观点认为，一方面，惩罚性赔偿数额高于实际损害的赔偿额，对赔偿权利人来说增加了执行的风险；另一方面，惩罚性赔偿与侵权法损失填补的法理相悖。高出实际损害的惩罚性赔偿已经超出受害人所受到的损失，某种意义上对受害人来说属于不当得利。另有观点认为，如果侵权人的行为给受害人造成了精神损害，在我国目前对精神损害的救济尚不充分的情况下，适当适用惩罚性赔偿来弥补精神损害具有一定合理性。《最高人民法院关于审理生态环境侵权纠纷案件适用惩罚性赔偿的解释》规定，人民法院审理生态环境侵权纠纷案件适用惩罚性赔偿，应当严格审慎，注重公平公正，依法保护民事主体合法权益，统筹生态环境保护和经济社会发展。

（三）完善环境司法相关配套制度

落实“最严格制度、最严密法治”，必须建立和完善环境司法相关配套制度，主要包括：

1. 建立健全跨区划集中管辖制度

如前所述，环境保护行政执法不公的问题主要表现为选择性执法，重要因素之一即是地方保护主义。基于环境的整体性和资源的生态系统性，对受损生态环境的修复需要统筹考量，以行政区划划分案件的传统管辖制度割裂了环境资源案件生态修复的完整性，亦不利于跨区域修复的执行。基于此，要建立健全以流域、自然保护区等生态功能区为单位的环境资源案件跨行政区划集中管辖，积极探索在京津冀、长江流域、汾渭平原等重点区域实行跨省级行政区划集中管辖的可行性，为设立跨区划专门法院或环境资源法庭积累司法实践经验。当然，跨区划集中管辖可能会带来与公安机关、检察机关的工作衔接以及影响当事人诉讼便利等具体问题，因此，还要完善立案、审判、执行等环节的配套措施。

---

① 李适时主编：《中华人民共和国消费者权益保护法释义》，法律出版社 2013 年版，第 261 页。

2. 完善举证责任制度

囿于信息资源的不对称，不管是个人、社会组织还是国家机关都难以掌握排污企业违法行为的具体情况，反而是污染企业对自己采取了什么样的技术、污染源、排污量等最为清楚。如果仍适用传统的“谁主张、谁举证”，无疑加大了受害方的举证难度，将承担较大的败诉风险。因此，有学者提出对此应适用举证责任倒置。受害者虽然难以知晓排污企业的具体排污情况，但是对自身所受损害、可能的加害人等仍可以提供证据。实行举证责任倒置完全不让受害方提供证据并不科学。在受害者提供了初步证据的时候，就应发生举证责任的转移，由被告就不承担责任或者减轻承担责任等事由承担举证责任，此即举证责任转移制度。举证责任转移的条件主要包括：作为原告一方已经尽其所能地提供了初步的证据；就一般的规定来说，原告已经不具有其他举证的能力和条件；被告恰恰在这方面比原告具有优势和能力。当具备了前述条件的情况下，举证责任就可以转移给被告。

3. 建立科学的损失计算制度和专业技术辅助审判制度

目前，在损失由谁造成、造成了多大损害等方面还缺乏科学化的评估和鉴定制度。尤其是对于间接损失如何计算、基于危害潜伏性造成的人体损害程度等，因需长期的观察和实验过程所以较难认定。不管是刑事、民事、行政案件都以所造成的损失为基础，只有建立科学的损失计算制度，才能为案件审理提供有力支撑，使环境资源审判走向科学化、客观化。

此外，环境资源审判所涉专业性较强，对环境污染、生态保护的专业知识，法官往往并不精通，必须借助专家力量破解技术难题，因此，应建立相应的专业技术辅助审判制度。关于专业技术辅助审判制度的模式主要有以下几种观点：第一种模式是聘请专家作为陪审员参与案件的审理。专家中的不同学派、不同学术理念本身即存在差异性，在合议庭其他成员对相关专业问题并不精通的情况下，将专家陪审员的意见作为裁判的依据，极大地增加了职业保护、部门保护的风险。第二种模式是由法院聘请专家成立相应的专家库。这种模式可以解决一部分专业问题，但环境资源技术领域涉及专业众多且学科划分细致，法院不可能将所有相关学科专业的专家都纳入专家库，当遇到较为具体精细的专业问题时仍然无法求助于专家库成员，难以有效解决专业问题，反而增加了法院的成本负担。第三种模式是由当事人聘请专家证人。这种模式比较灵活，当事人各方都可以请专家证人来就专业问题发表意见，当事人有自主选择权，亦不会增加法院设立专家库的成本。况且专家意见还须经庭审质证，可以保证专家意见的客观性。因此，笔者认为，相较于前两种模式，第三种模式更符合现阶段的环境资源司法实践。2023 年修正的《民事诉讼法》以及相关司法解释对此作出了规定。根据《最高人民法院关于适用〈中华人民共和国民事诉讼法〉的解释》第一百二十二条，当事人可以在举证期限届满前申请 1~2 名具有专门知识的人出庭，代表当事人对鉴定意见进行质证，或者对案件事实所涉及的专业问题提出意见。当然，对于专业技术问题还可以委托鉴定，但是须对鉴定制度进行规范，避免出现“要什么结果有什么结果”“一个问题十种结果”的乱象。

4. 构建生态环境的恢复制度

环境资源审判和其他审判的最大不同在于其不仅确定损害赔偿，而且还需要对受损的生态环境进行恢复。各地法院就生态环境修复创新了增殖放流、补植复绿、劳役代偿等有益司法经验。但仍需注意对异地补植、增殖放流等恢复性司法实践的统筹规划和科学设计，构建相应的制度体系。比如应复绿什么树种、放流什么物种等须与当地的生态系统相适应，避免造成二次生态破坏。要推进建立环境资源赔偿资金的管理和使用制度，保障资金的有效管理和运行，为受损生态环境的及时修复破除制度障碍。要建立生态环境修复的监管制度，生态环境的修复具有长期性，实施修复方案能否达到修复的标准等都需要长期有效监管。